t r a n s
p o s i t i o n e n

Catherine Malabou

Was tun mit unserem Gehirn?

Aus dem Französischen von
Ronald Voullié

diaphanes

Inhalt

Einleitung

Plastizität und Flexibilität
Für ein Bewusstsein des Gehirns

Das Gehirn ist ein Werk, und wir wissen es nicht. Wir sind seine Subjekte – zugleich Autoren und Produkte –, und wir wissen es nicht. »Die Menschen machen ihre eigene Geschichte, aber sie wissen es nicht«, sagt Marx, der damit das Geschichtsbewusstsein wachrufen will. In gewissem Sinne lässt sich diese Formulierung genau auf den Kontext und auf den Gegenstand anwenden, mit dem wir uns hier beschäftigen: »Die Menschen machen ihr eigenes Gehirn, aber sie wissen es nicht.« Es geht hier nicht darum, durch die Verwendung dieses schönen Satzes zugunsten der Analyse einen rhetorischen Taschenspielertrick vorzuführen oder der Verlockung einer formalen Analogie nachzugeben. Ganz im Gegenteil. Denn dass es eine Verbindung von *Gehirn* und *Geschichte* gibt (also von Begriffen, die lange für Gegensätze gehalten wurden), ist heute klar.

Es handelt sich um eine strukturelle Verbindung, die äusserst grundlegend ist, da sie gewissermaßen eine *Identität* definiert. Das Gehirn *hat* nicht nur eine Geschichte – die sich mit seiner Konstitution als Gegenstand der Wissenschaft vermischt –, sondern es *ist* eine Geschichte. Man kann heute in der Tat sagen, dass es eine konstitutive Geschichtlichkeit des Gehirns gibt. Dieses Buch möchte genau darüber ein Bewusstsein wecken. Heute geht es nicht mehr darum, sich zu fragen, ob Gehirn und Bewusstsein ein und dasselbe sind (lassen wir diese alte Scheindebatte beiseite), sondern jene seltsame – zugleich philosophische, wissenschaftliche und politische – kritische Entität zu konstituieren, die ein Bewusstsein des Gehirns sein könnte. Und eben diese Konstitution eines neuen Genres, das allen offen steht, wirft folgende Frage auf: *Was tun mit unserem Gehirn?*

Wir haben uns immer noch nicht die Ergebnisse der revolutionären Entdeckungen angeeignet, die seit fünfzig Jahren im Bereich der Neurowissenschaften gemacht werden (das heißt in allen Disziplinen, die sich mit dem zentralen Nervensystem, seiner Anatomie, seiner Physiologie und seiner Funktionsweise beschäftigen[1]) und die dazu beitragen, fast jeden Tag die irrigen, aber trotzdem auf mysteriöse Weise fortbestehenden Vorstellungen aus der Welt zu schaffen, die wir uns vom Gehirn machen. Schon 1979 erklärte Jean-Pierre Changeux im Vorwort seines Buches *Der neuronale Mensch*: »Unser Wissen auf diesem Gebiet hat in den letzten zwanzig Jahren eine Ausweitung erfahren, die in ihrer Bedeutung allenfalls mit der Entwicklung der Physik zu Beginn unseres Jahrhunderts oder der Molekularbiologie in den fünfziger Jahren vergleichbar ist. Die Entdeckung der Synapse und ihrer Funktionen ist so folgenreich wie die Entdeckung des Atoms oder der Desoxyribonukleinsäure (DNS). Eine neue Welt zeichnet

---

1 Der Ausdruck »Neurowissenschaften« wird seit den 1970er Jahren benutzt und umfasst Neurobiologie, Neurophysiologie, Neurochemie, Neuropathologie, Neuropsychiatrie, Neuroendokrinologie…

sich ab, und der Augenblick scheint gekommen, das Wissensgebiet über den engen Kreis der Spezialisten hinaus einem größeren Publikum zu erschließen und ihm jene Begeisterung zu vermitteln, die die Forscher beflügelt.«[2] Aus dieser Vermittlung, dieser Öffnung für ein breites Publikum ist allerdings nichts geworden, der Funke der Begeisterung ist nicht übergesprungen. Jahre später gilt immer noch die Feststellung: »Die Gehirnforschung wird, von einigen Ausnahmen abgesehen, völlig ausgeklammert.«[3] Auch wenn sich viele Dinge geändert haben, auch wenn die Neurowissenschaften tatsächlich zu Spitzendisziplinen geworden sind, auch wenn bildgebende Verfahren wie Computertomographie und Neuroradiologie erstaunliche Fortschritte gemacht haben, auch wenn die »kognitiven Wissenschaften« heute zu einer eigenständigen Disziplin geworden sind[4] und auch wenn die Presseartikel über das zentrale Nervensystem sich vervielfachen – *der neuronale Mensch hat noch kein Bewusstsein.*

---

2 Jean-Pierre Changeux, *Der neuronale Mensch. Wie die Seele funktioniert – die Entdeckungen der neuen Gehirnforschung*, übers. von Hainer Kober, Reinbek bei Hamburg 1984, S. 7-8.

3 Ebd., S. 8.

4 »Die kognitiven Wissenschaften bilden einen riesigen Kontinent von Forschungen, die mehrere Disziplinen berühren: die kognitive Psychologie, die künstliche Intelligenz, die Neurowissenschaften, die Linguistik und die Philosophie des Geistes. Man spricht heute sogar von ›kognitiver Anthropologie‹ und von ›kognitiver Soziologie‹. [...] Die verborgenen Bereiche (Wahrnehmung, Erinnerung, Lernprozesse, Bewusstsein, Argumentation etc.) werden auf mehreren Ebenen studiert: von den biologischen Grundlagen (Physiologie der Zellen, Anatomie des Gehirns) bis zur Untersuchung von ›inneren mentalen Zuständen‹ (Vorstellungen, mentale Bilder, Problemlösungsstrategien).« *Le cerveau et la pensée. La révolution des sciences cognitives*, hrsg. von Jean-François Dortier, Paris 1999, S. 4.

In diesem Sinne bleiben wir uns selbst fremd und verharren an der Schwelle dieser »neuen Welt«, von der wir keine Vorstellung haben, obwohl sie unser Inneres selbst bildet. »Wir« haben keine Vorstellung von »uns«, von »unserem« Inneren. Natürlich haben wir alle von Neuronen, Synapsen, Konnexionen (Verbindungen), Netzen und verschiedenen Arten der Erinnerung gehört. Jeder weiß, dass es neurodegenerative Pathologien wie zum Beispiel Alzheimer oder Parkinson gibt. Viele von uns haben in Krankenhäusern die Bildschirme in der Abteilung für Neuroradiologie gesehen. Einige wissen, dass es heute dank der neuen NMR- oder PET-Techniken[5] möglich ist, das Gehirn *in vivo*, in Echtzeit zu beobachten. Jeder kann feststellen, dass die Psychoanalyse an Boden verliert, jeder hat Beiträge gehört, in denen, ob nun zurecht oder zu unrecht, behauptet wird, dass die chemische Behandlung von Depressionen als einzige erfolgversprechend sei. Wir alle kennen MAO oder SSRI,[6] wir sind vage vertraut mit Wörtern wie »Serotonin«, »Noradrenalin« und »Neurotransmitter«, wir kennen den neuronalen Ursprung der Tabak- oder Drogensucht. Wir wissen, dass es heute möglich ist, erfolgreich Hände zu verpflanzen, dass das Gehirn in der Lage ist, ausgehend von fremden Gliedern ein Körperschema neu zusammenzusetzen. Wir haben von einer bestimmten Fähigkeit des Nervensystems gehört, Verletzungen, die es erleidet, zumindest teilweise re-

---

5 NMR: *Nuclear Magnetic Resonance* (Magnetische Resonanzspektroskopie); PET: Positronen-Emissions-Tomographie. Vgl. zu diesem Thema *Annales d'histoire et de philosophie du vivant*, Bd. 3, »Le cerveau et les images«, Paris 2000.

6 MAO: Monoaminoxidase-Hemmer; SSRI: Selektive Serotonin-Wiederaufnahme-Hemmer: Prozac (Fluctin), Paxil, Luvox, Celexa…

parieren zu können. Das Wort »Resilienz« (seelische Widerstandskraft) ist uns nicht unbekannt.[7]

Das Problem liegt darin, dass wir keinen Zusammenhang zwischen all diesen Phänomenen, diesen Bezeichnungen und diesen Situationen sehen, die hier absichtlich völlig ungeordnet aufgezählt wurden und die scheinbar nichts gemeinsam haben. Dennoch gibt es diesen Zusammenhang. Er beruht auf der Aktivität des Gehirns, auf der Art und Weise, in der es sich entwickelt, in der es arbeitet und in der es etwas *macht*. Er beruht auf der Bedeutung unseres Gehirns als (unser) Werk, als (unsere) Geschichte und (unser) einzelnes Schicksal.

Das dem Gehirn eigene Werk, das das Abenteuer des individuellen Lebens und die individuelle Geschichte eröffnet, hat einen Namen: *Plastizität*. Was wir als konstitutive Geschichtlichkeit des Gehirns bezeichnet haben, ist nichts anderes als seine Plastizität. Plastizität des zentralen Nervensystems, Plastizität der Nerven, neuronale Plastizität, Plastizität der Synapsen: dieses Wort trifft man in allen neurologischen Abteilungen der medizinischen Fakultäten oder Universitätskrankenhäuser und in den Namen der Forschungsabteilungen im Bereich der Neurowissenschaften. Es springt einem in seinen vielfältigen Erscheinungsformen ins Auge, wenn man das Stichwort »Gehirn« in den Bibliotheken abfragt. Dieses häufige Auftauchen und diese Allgegenwärtigkeit sind kein Zufall. Die Plastizität ist tatsächlich der Begriff, der alle Neurowissenschaften verbindet. Sie bildet heute den Mittelpunkt ihres gemeinsamen

---

7 Dieser Begriff wird häufig in den Arbeiten von Boris Cyrulnik verwendet (siehe dazu das letzte Kapitel des vorliegenden Buches).

Interesses, ihren Hauptbeweggrund und ihr bevorzugtes Operationsschema, da sie es ermöglicht, das Gehirn gleichzeitig als eine völlig neue Dynamik, Organisation und Struktur zu denken und zu beschreiben.

Unser Gehirn ist plastisch, und wir wissen es nicht. Von dieser Dynamik, von dieser Organisationsweise und von dieser Struktur wissen wir absolut nichts. Wir glauben weiterhin an die »›Unbeweglichkeit‹ eines genetisch völlig determinierten Gehirns«,[8] bei dem es scheinbar vergeblich ist, sich zu fragen: *Was tun?* Schon das Wort »Gehirn« selbst macht uns Angst. Wir begreifen nichts von all diesen Phänomenen, von all diesen Faltungen, Feldern und Schichten, von diesen Lokalisationen und diesem Jargon, der (wie wir glauben) eine Reihe von festen Entitäten beschreibt, die genetisch programmiert sind und keinerlei Improvisationsvermögen haben. Wir wissen nichts von dieser Organisation, die zu so vielen beunruhigenden Metaphern für das Motiv des Befehlens oder Herrschens geführt hat: ein Kontrolleur, der Befehle von oben nach unten übermittelt, eine Telefonzentrale, Computer… Wir wollen diesen ganzen Bereich der kybernetischen Kälte immer noch vom Bewusstsein unterscheiden, dem (wie wir glauben) einzigen Zeichen des Lebens und der Freiheit in diesem Reich der unveränderlichen organischen Notwendigkeit, innerhalb dessen die Bewegung oder der Elan sich ausschließlich auf den Reflex zu reduzieren scheinen. Die Plastizität steht aber im direkten Widerspruch zur Unbeweglichkeit. Sie ist ihr ge-

—

8 J.-P. Changeux, *Der neuronale Mensch*, a.a.O., S. 348.

naues Gegenteil. Sie steht gewöhnlich für Geschmeidigkeit, Anpassungsfähigkeit und Entwicklungsvermögen. Seiner Etymologie zufolge – das griechische *plassein*, modellieren – hat das Wort »Plastizität« zwei Grundbedeutungen: es bezeichnet gleichzeitig die Fähigkeit, eine Form annehmen zu können (Ton und Lehm werden zum Beispiel als »plastische« Stoffe bezeichnet) und eine Form geben zu können (wie in der Kunst oder in der plastischen Chirurgie). Von einer Plastizität des Gehirns zu sprechen, läuft also darauf hinaus, das Gehirn als eine gleichzeitig modifizierbare, formbare und formende Instanz zu betrachten. Wie wir sehen werden, ist die zerebrale Plastizität auf drei Ebenen wirksam: 1. die Modellierung von neuronalen Verbindungen (Plastizität der Entwicklung beim Embryo und beim Kind); 2. die Modifikation von neuronalen Verbindungen (Plastizität der Modulation der Synapsentätigkeit während des ganzen Lebens); 3. die Fähigkeit zur Heilung (Plastizität nach Gehirnverletzungen): »Die Plastizität des Nervensystems ist die Eigenart, in seiner Struktur oder in seiner Funktionsweise in Folge der Entwicklung, der Erfahrung oder von Verletzungen modifiziert werden zu können.«[9]

Es muss allerdings darauf hingewiesen werden, dass Plastizität auch die Fähigkeit bezeichnet, die Form zu vernichten, die sie annehmen oder schaffen kann. Vergessen wir nicht, dass »Plastik« im Zusammenhang mit Sprengstoffanschlägen eine explosive Substanz auf der Grundlage von Nitroglyzerin

---

9 *Le cerveau, un inconnu*, Dictionnaire encyclopédique, unter der Leitung von Richard L. Gregory (*The Oxford Companion to the Mind*), französische Übers. Jean Doubovetzky, Paris 1993, Artikel »Plasticité du système nerveux central«, S. 1044-1051, S. 1044.

und Nitrozellulose ist, die gewaltige Detonationen auslösen kann. Es ist also festzuhalten, dass die Plastizität zwischen zwei Extremen angesiedelt ist: zum einen die sinnlich wahrnehmbare Gestalt der Formbildung (Skulptur oder Gegenstände aus Plastik), zum anderen die Vernichtung jeglicher Form (Explosion).

Das Wort »Plastizität« entfaltet seinen Sinn also zwischen der skulpturellen Modellierung und der Deflagration, das heißt der Explosion. Wenn man von der Plastizität des Gehirns spricht, bedeutet das also, in ihm nicht nur einen Formschöpfer und -empfänger zu sehen, sondern auch einen Faktor des Ungehorsams gegenüber jeder geschaffenen Form – die Ablehnung, einem Modell unterworfen zu werden.

Verweilen wir bei der Modellierung von neuronalen Verbindungen, die durch die Erfahrung, die Kompetenzen und die Lebensgewohnheiten eines jeden einzelnen von uns ermöglicht wird, also durch das Prägungs-Vermögen der Existenz im allgemeinen. Die so verstandene Plastizität des Gehirns entspricht der Möglichkeit einer Gestaltung durch die Erinnerung und der Fähigkeit, eine Geschichte zu formen. Auch wenn das Veränderungsvermögen des zentralen Nervensystems während der Entwicklung besonders stark ist, hat man festgestellt, dass die Fähigkeit zu lernen und neue Kompetenzen, neue Erinnerungen zu erwerben, während des ganzen Lebens erhalten bleibt. Die Fähigkeit jedes einzelnen, seine eigene Form anzunehmen und zu schaffen, ist von keiner vorgegebenen Form abhängig; das ursprüngliche Modell oder der ursprüngliche Standard werden gewissermaßen nach und nach beseitigt.

Je nach dem Einfluss der streng individuellen Erfahrung wird die synaptische Effizienz vergrößert oder verringert. Die Synapse – nach dem griechischen *synapsis*, Vereinigung, Verbindungspunkt – ist die Kontakt- oder Verbindungsstelle von zwei Neuronen. Das Neuron, die Grundeinheit des Nervengewebes, kann in drei Teile geteilt werden: der Zellkörper (Protoplasma), die Dendriten und das Axon, welche seine Fortsätze sind. Durch diese Fortsätze kommen die Verbindungen (Synapsen) zwischen zwei Neuronen zustande. Die Dendriten bilden wie der Zellkörper das, was man als postsynaptische Seite des Neurons bezeichnet (eben da, wo sich die Verbindungen mit den oberhalb liegenden Neuronen befinden). Das Axon bildet die präsynaptische Seite des Neurons: seine Endpunkte stehen in Kontakt mit anderen unterhalb liegenden Neuronen.[10] »Wenn eine Synapse zu einem häufig gebrauchten Kreislauf gehört«, erklärt Marc Jeannerod, »tendiert sie dahin, ein größeres Volumen zu bekommen, ihre Durchlässigkeit wird größer und ihre Effizienz erhöht sich. Umgekehrt tendiert eine nur wenig gebrauchte Synapse dahin, weniger effektiv zu werden. Die Theorie der synaptischen

---

10 Diese Zusammenfassung ist eine vereinfachte Wiedergabe der bemerkenswert genauen Beschreibung von Marc Jeannerod in *Le cerveau intime*, Paris 2002, Kapitel II, »Voir le cerveau fonctionner«, S. 47. Man muss präzisieren, dass das Axon (ein Fortsatz, der viel länger als die anderen ist) gewissermaßen das telegraphische Kabel ist, das die Botschaften von einem Neuron zu einem anderen Neuron, zu einem Muskel oder zu der Drüse überträgt, die es ansteuert. Das Axon und die Membrane, die es umgibt, bilden die Nervenfaser. Jedes Neuron erzeugt elektrische Signale, die sich auf diese Weise in den Axonen ausbreiten. Die Übertragung von Signalen von einem Neuron zum nächsten durch die Synapse wird im allgemeinen durch eine chemische Substanz realisiert, den Neuromediator.

Effizienz ermöglicht es also, die zunehmende Modellierung eines Gehirns unter dem Einfluss der Erfahrung des Individuums zu erklären, welche es soweit bringt, dass es prinzipiell die individuellen Charakteristiken und Besonderheiten jedes Gehirns annehmen kann. [Es handelt sich] um diesen Mechanismus der Individuation, der aus jedem Gehirn ein einmaliges Objekt macht und zwar trotz seiner Zugehörigkeit zu einem allgemeinen Modell.«[11]

In diesem Sinne ist das Gehirn eines Pianisten nicht identisch mit dem eines Mathematikers, eines Mechanikers oder einer Designerin. Aber offensichtlich muss nicht nur der »Beruf« oder die »Spezialisierung« berücksichtigt werden. Es geht um die gesamte Identität eines Individuums, um seine Vergangenheit, seine Umgebung, seine Begegnungen, seine Praktiken, in einem Wort, um die Fähigkeit unseres Gehirns – *jedes* Gehirns –, sich anpassen, Modifikationen integrieren, Schocks aushalten und gerade auf der Grundlage dieser Rezeption Neues schaffen zu können. Das ist gerade deshalb so, weil das Gehirn – im Gegensatz zu dem, was wir glauben – nicht fertig ist, sodass wir uns fragen müssen, was wir mit ihm machen wollen, was wir mit dieser Plastizität machen wollen, die uns macht, die uns sozusagen wie ein Werk macht: Skulptur, Modellierung, Architektur. Was soll man mit dieser organischen plastischen Kunst machen? Es ist heute erwiesen, dass »die synaptische Plastizität, die während des Lernprozesses, während der weiteren Entwicklung und auch

---

11 M. Jeannerod, *Le cerveau intime*, a.a.O., S. 63.

im Erwachsenenalter auftritt, das Gehirn jedes einzelnen von uns skulpturiert. Erziehung, Erfahrung und Schulung machen aus jedem Gehirn ein einmaliges Werk.«[12] Was sollen wir also mit diesem Freiraum in uns tun? Was sollen wir mit diesem genetisch freien Feld tun? Was sollen wir mit dieser Idee von einem Gehirn anfangen, das wirklich lebendig ist (die Modifikation der synaptischen Effizienz betrifft, wie wir noch sehen werden, bereits das elementarste animalische Leben und erscheint heute deshalb als eines der grundlegenden Merkmale des Lebendigen), das fragil und ebenso von uns abhängig ist wie wir von ihm: eine schwindelerregende Wechselwirkung der Formannahme, der Formgebung und der Aufhebung der Form, die genau die neue Struktur des Bewusstseins zeichnet?

Man versteht nun, warum Jean-Pierre Changeux »die Entdeckung der Synapse und ihrer Funktionen« als genauso revolutionär wie die der DNS beschreibt: die erste verleiht der zweiten eine derartige Präzision und Modifikation, dass sie ihr fast zu widersprechen scheint. Die Plastizität des Gehirns bildet einen möglichen Spielraum der Improvisation im Verhältnis zur genetischen Notwendigkeit. Heute gibt es nicht mehr nur Zufall und Notwendigkeit. Es gibt den Zufall, die Notwendigkeit und die Plastizität – welche eben weder das eine noch das andere ist. Wie Changeux sagt: »Die Macht der Gene sorgt in großen Zügen für die Weitergabe der immer gleichen Struktur – der Gestalt des Gehirns und seiner Windungen, der Verteilung seiner Felder, der allgemeinen Architektonik des

---

12 Ebd., S. 66.

Gehirngewebes usw. Doch eine nicht unbeträchtliche Variabilität [...] entzieht sich dieser Macht.«[13] Wenn das neuronale Funktionieren ein Ereignis ist, ein Ereignis sein muss, dann gerade deshalb, weil es in der Lage ist, selber Ereignisse zu schaffen, das Programm in ein Ereignis zu verwandeln und es somit gewissermaßen zu ent-programmieren. Wir erleben heute die neuronale Befreiung, und wir wissen es nicht. Eine Instanz in uns gibt dem Code einen Sinn, und wir wissen es nicht. Der Unterschied zwischen Gehirn und Psyche verringert sich beträchtlich, und wir wissen es nicht. »Wir« laufen darauf hinaus, absolut mit »unserem Gehirn« eins zu werden denn unser Gehirn sind wir, die innere Form eines »Proto-Selbst«,[14] eine Art von organischer Persönlichkeit – und wir wissen es nicht. Die Menschen machen ihr eigenes Gehirn, aber sie wissen nicht, dass sie es tun.

Warum? Warum wissen sie das nicht? Warum glauben wir immer noch, dass das Gehirn schlicht und einfach eine »Maschine«, ein Programm ohne Hoffnung auf zukünftige Entwicklung ist? Weshalb wissen wir nichts von unserer eigenen Plastizität? Am Informationsmangel kann es nicht liegen, denn es gibt heute reichlich Publikationen über die zerebrale Plastizität. Es handelt sich auch nicht um ein Problem der Verständlichkeit, denn man kann wirklich in sehr einfacher Weise über diese Plastizität sprechen – und genau das will das vorliegende Buch tun. Es handelt sich nicht um Erkenntnis,

---

13 J.-P. Changeux, *Der neuronale Mensch*, a.a.O., S. 307.

14 »Proto-Selbst« oder »neuronales Selbst« sind Ausdrücke, die von dem Neurologen Antonio Damasio verwendet werden; vgl. letztes Kapitel.

sondern um Bewusstsein. Was soll man sich bei der zerebralen Plastizität bewusst machen (und nicht nur erkennen)? Welche Natur hat ihre Bedeutung, ihr Sinn?

Wir antworten darauf ohne Umschweife, dass das Bewusstsein, welches es beim Thema der Plastizität zu erwecken gilt, genau ihr Vermögen zur Naturalisierung des Bewusstseins und des Sinns betrifft. Im Klartext: Wenn wir kein Bewusstsein von der Plastizität haben, so liegt das – aufgrund eines nur allzu offensichtlichen Paradoxes – daran, dass sie uns so vertraut ist, dass wir sie nicht als ein Milieu sehen und bemerken, in dem wir uns aufhalten und entwickeln, ohne ihm Aufmerksamkeit zu schenken. Sie ist zur Form unserer Welt geworden. Wie Luc Boltanski und Ève Chiapello in ihrem bemerkenswerten Buch *Der neue Geist des Kapitalismus* bemerken: Das neuronale Funktionieren und das gesellschaftliche Funktionieren beeinflussen sich gegenseitig, geben sich gegenseitig in dem Maße eine Form (auch hier wieder das Vermögen der Plastizität), dass es scheinbar unmöglich ist, sie zu unterscheiden. Als ob das neuronale Funktionieren sich mit dem natürlichen Gang der Welt vermischen würde, als ob die neuronale Plastizität einem bestimmten Typ von politischer und gesellschaftlicher Organisation seine biologische Grundlage – und somit seine Rechtfertigung – geben würde. Genau das ist die Bedeutung des »Naturalisierungseffekts«. Die Autoren erklären, dass wir in einer »vernetzten Welt leben, die mit der Kohärenz und Unmittelbarkeit einer Natur ausgestattet ist. [...] Der Naturalisierungseffekt ist natürlich in denjenigen Disziplinen besonders stark, die Biologie und Gesellschaft verbinden wollen und in denen das soziale Band von der Verwurzelung in einer Lebensordnung abgeleitet wird. Dasselbe gilt für Ansätze, die ihre Konzeption der Gesellschaft auf der Basis einer physiologischen Metapher bilden, nicht so sehr – wie in der alten Organismustheorie auf der Metapher der Zellteilung, sondern eher auf einer Neuronalmetapher mit ihren Nervensträngen und -strömen.«[15]

Die Menschen machen ihr eigenes Gehirn, aber sie wissen nicht, dass sie das tun. Wir wissen nichts von der zerebralen Plastizität. Andererseits verstehen wir auch nichts von einer bestimmten Organisation der Arbeit – Teilzeitarbeit, Zeitverträge, die Forderung nach Mobilität und absoluter Anpassungsfähigkeit, die Forderung nach Kreativität... Das Gehirn ist unser Werk, und wir wissen es nicht. Dagegen wissen wir sehr wohl, dass wir in einer retikulären, in einer vernetzten Gesellschaft leben. Wir haben begriffen, dass Überleben heute bedeutet, mit einem Netz verbunden zu sein, dass man in der Lage sein muss, seine Wirksamkeit den Umständen anzupassen. Wie wir wissen, führt jeder Verlust an Anpassungsfähigkeit dazu, dass man schlicht und einfach zu Ausschuss wird. Ist der Unterschied, der die Vorstellung, die wir von einem Arbeitslosen ohne finanzielle Unterstützung haben, von der trennt, die wir von einem an Alzheimer Erkrankten haben, wirklich so groß? Wir wissen, dass ein Individuum heute sein Leben wie ein Werk erschafft, dass es in seiner Verantwortung liegt, zu wissen, was es aus sich selbst macht, und dass es des-

---

15 Luc Boltanski und Ève Chiapello, *Der neue Geist des Kapitalismus*, übers. von Michael Tillmann, Konstanz 2003, S. 202 [Übersetzung leicht verändert. A.d.Ü.].

wegen eben gerade nicht »unbeweglich« sein darf. Es ist daher sozusagen nicht nötig, die Resultate der aktuellen Entdeckungen im Bereich der Neurowissenschaften zu kennen, um die unmittelbare, alltägliche Erfahrung der neuronalen Form des politischen und gesellschaftlichen Funktionierens zu machen, einer Form, die heute voll und ganz mit dem aktuellen Gesicht des Kapitalismus zusammenfällt.

Die Bezugnahme auf Marx zu Anfang unserer Analyse bekommt hier ihre volle Bedeutung. Indem wir die Frage »Was tun mit unserem Gehirn?« stellen, wollen wir dem Leser nicht nur einige Aufschlüsse über das Funktionieren des Gehirns geben. Indem wir mit den Wörtern des Titels eines berühmten Buches von Daniel C. Dennett spielen, wollen wir das Bewusstsein nicht erklären [*expliquer*], sondern einbeziehen [*impliquer*].[16] Das Bewusstsein einzubeziehen und zu fragen »Was tun mit unserem Gehirn?«, bedeutet – ausgehend von diesen Aufschlüssen –, eine Kritik dessen zu entwickeln, was wir neuronale Ideologie nennen. Es geht hier also nicht nur darum, im Namen der zerebralen Plastizität eine gewisse Freiheit des Gehirns aufzuzeigen, sondern diese Freiheit – ausgehend von einer möglichst präzisen Untersuchung der Funktionsweise dieser Plastizität – auch zu befreien. Sie von einer Reihe von ideologischen Vorurteilen zu befreien, die implizit den ganzen Bereich der Neurowissenschaften und durch eine Art Widerspiegelung auch den politischen Bereich beherr-

16 Daniel C. Dennett, *Consciousness Explained*, Boston 1991; frz. Titel: *La conscience expliquée*, übers. von Pascal Engel, Paris 1993; dt. Titel: *Philosophie des menschlichen Bewußtseins*, übers. von Franz M. Wuketits, Hamburg 1994.

schen. Die Philosophie somit aus ihrer unverantwortlichen Lethargie wachrütteln. Die Philosophen, mal abgesehen von den Vertretern einer »Bewusstseinsphilosophie«, interessieren sich in der Tat nicht genügend für dieses Problem, verachten zumeist die kognitiven Wissenschaften und wissen im Grunde schlicht und einfach nichts von den Ergebnissen der jüngsten Forschungen über das Gehirn. Daher verfehlen sie auch die ideologischen Fragen.

Denn »Was tun mit unserem Gehirn?« ist keine Frage, die nur für Philosophen, Wissenschaftler und Politiker reserviert ist, sondern eine Frage, die sich an *alle* richtet. Sie soll uns erlauben, zu verstehen, warum wir immer und überall noch »in Ketten liegen« (Rousseau), obwohl das Gehirn plastisch ist. Warum haben wir trotz allem das Gefühl, dass sich nichts ändert, obwohl die Aktivität des zentralen Nervensystems als solche heute im Licht der wissenschaftlichen Entdeckungen der Reflexion unbestreitbar eine neue Vorstellung von der Veränderung gibt? Warum haben wir trotz allem das Gefühl, dass uns die Zukunft genommen wird, und warum fragen wir, wozu es gut ist, ein Gehirn zu haben und was wir damit machen sollen, obwohl es klar ist, dass es heute keine philosophische, politische und wissenschaftliche Betrachtung der Geschichte geben kann, die nicht über eine genaue Analyse des neuronalen Phänomens verläuft?

Die Hauptfrage der gegenwärtigen Arbeit muss daher folgendermaßen formuliert werden: Was soll man tun, damit das Bewusstsein des Gehirns nicht schlicht und einfach mit dem Geist des Kapitalismus zusammenfällt? Wir formulieren dazu die folgende These: Heute wird die Plastizität in ihrer wahren

Bedeutung verdunkelt, und man neigt dazu, sie immer wieder durch ihre falsche Freundin, die Flexibilität, zu ersetzen. Der Unterschied zwischen den beiden Begriffen scheint unbedeutend zu sein. Dennoch, die Flexibilität ist die ideologische Gestalt der Plastizität. Sie ist zugleich ihre Maske, ihre Entstellung und ihre Enteignung. Wir wissen nichts von der Plastizität und alles über die Flexibilität. In diesem Sinne erscheint die Plastizität als künftiges Bewusstsein der Flexibilität. Auf den ersten Blick ist die Bedeutung der beiden Begriffe gleich. In der Rubrik »Flexibilität« heißt es im Wörterbuch: »Eigenschaft dessen, was flexibel ist, was sich leicht verbiegen lässt (Elastizität, Geschmeidigkeit); Fähigkeit, sich leicht zu verändern, um sich den Umständen anpassen zu können.« Die für die zweite Bedeutung angeführten Beispiele sind allen bekannt: »Flexibilität bei der Arbeit, bei der Zeitplanung (flexibler Terminkalender, dem Bedarf angepasste Arbeitszeit), flexibler Arbeitsplatz…«. Diese Bedeutungen umfassen allerdings nur eines der Bedeutungsregister der Plastizität: das der Formannahme. Flexibel zu sein, bedeutet, eine Form oder Prägung anzunehmen, sich beugen zu können, Verhaltensweisen anzunehmen und nicht, sie zu gestalten. Gefügig sein, nicht explodieren. Der Flexibilität fehlt in der Tat die Ressource der Formgebung, also das Vermögen, etwas schaffen, erfinden oder sogar eine Prägung übertreffen zu können, das Vermögen, zu stylen. Flexibilität ist Plastizität minus deren Genie.[17] Die Menschen machen ihr eigenes Gehirn, und wissen nicht,

---

17 Im vollen Sinne des Wortes Genie: Erfindung, Formgebung.

dass sie das tun. Unser Gehirn ist ein Werk, und wir wissen es nicht. Unser Gehirn ist plastisch und wir wissen es nicht. Der Grund dafür liegt darin, dass die Flexibilität die Plastizität zumeist überlagert, und das auch in den wissenschaftlichen Diskursen, die glauben, sie in aller »Objektivität« zu beschreiben. Der Fehler bestimmter kognitivistischer Diskurse liegt zum Beispiel nicht darin, das Mentale auf das Neuronale oder den Geist auf eine biologische Entität zu reduzieren. Die Autorin des vorliegenden Buches ist Materialistin, und solche Behauptungen schockieren sie letzten Endes nicht. Der Fehler besteht darin, zu denken, dass der neuronale Mensch nur eine neuronale Gegebenheit und nicht auch eine politische und ideologische Konstruktion ist. Viele Beschreibungen der Plastizität des Gehirns sind offensichtlich unbewusste Rechtfertigungen einer grenzenlosen Flexibilität. Es hat manchmal den Anschein, als ob sich vom Nervensystem der Aplysia bis zu dem des Menschen eine Fähigkeit (die genau in Begriffen der synaptischen Plastizität beschrieben wird) entwickelt, sich zu beugen, sich der Umgebung zu fügen, kurz gesagt, sich an alles anzupassen, bereit zu allen Umgestaltungen zu sein. Als ob man, unter dem Vorwand, die synaptische Plastizität zu beschreiben, in Wirklichkeit zeigen wollte, dass die Flexibilität ins Gehirn eingeschrieben ist. Als ob wir mehr über das wüssten, was wir ertragen können, als über das, was wir erschaffen können. Eine wahrhafte Plastizität des Gehirns zu fordern, läuft daher auf die Frage hinaus, was das Gehirn tun und nicht nur erdulden kann. Unter dem Verb »tun« verstehen wir nicht nur, Mathematik zu betreiben oder Klavier zu spielen, sondern auch, seine Geschichte zu machen, zum Subjekt seiner Geschichte zu werden, die Verbindung zwischen dem Anteil des genetischen Nicht-Determinismus, der bei der Konstitution des Gehirns wirksam ist, und der Möglichkeit eines gesellschaftlichen und politischen Nicht-Determinismus, in einem Wort, einer neuen Freiheit, einer neuen Bedeutung der Geschichte zu erfassen.

Flexibilität ist ein vager Ausdruck, ohne Tradition, ohne Geschichte, während Plastizität ein Begriff ist, das heißt eine Form mit ganz genauen Bedeutungen, die Einzelfälle versammelt und strukturiert. Dieser Begriff hat eine lange philosophische Vergangenheit, die ihrerseits auch lange im Dunkeln geblieben ist. Unser Ziel ist indes nicht polemisch. Wir möchten einfach nur Ausdruck und Begriff auseinanderhalten, darauf hinarbeiten, dass man aufhört, sie zu verwechseln, sie zu vermischen, so wie wir es oben gemacht haben, als wir gleichzeitig von Depressionen, Handverpflanzungen und der Heilung von Verletzungen gesprochen haben, um das Definitionswirrwarr zu beschreiben, in dem wir uns alle im Grunde befinden – die Autorin dieses Buches ebenso wie alle anderen. Indem sie einen Moment in ihrem eigenen Namen spricht, möchte sie sagen, dass sie sich schon sehr lange für die Plastizität interessiert. Schon in früheren Arbeiten hat sie versucht, ihre Genese zu beschreiben und ihren Sinn in der philosophischen Tradition zu rekonstruieren. Die Untersuchung der neuronalen Plastizität und der Gehirnfunktionen sowie die Lektüre der großen Texte von Kognitionsforschern über diese Funktionen sind für sie mehr als eine Bereicherung gewesen: eine echte Überprüfung und zugleich eine Bestätigung, eine Erneuerung und eine Konkretisierung der philosophischen Bedeutung der

Plastizität. Die kritische Epistemologie, die in diesem Buch vorgenommen wird, zeigt sich daher als ein Unternehmen der Berichtigung und der Zuspitzung beim Gebrauch dieses Begriffs.

Aber vergessen wir nicht, dass die Frage »Was tun mit unserem Gehirn?« eine Frage für *alle* ist und dass sie *bei allen* das Gefühl für eine neue Verantwortung hervorrufen soll. Die hier durchgeführte Untersuchung sollte es somit (neben den soeben angesprochenen kritischen Imperativen) jedem ermöglichen, unter dem Namen der »Plastizität« und jenseits der allzu einfachen Alternative von Unbeweglichkeit und Flexibilität die Entwicklung des Denkens neuer Modalitäten zur Gestaltung des Selbst zu verfolgen. Nicht »Wie flexibel sind wir?«, sondern vielmehr »Inwieweit sind wir plastisch?«

Der Handlungsbereich der Plastizität

Zwischen Determination und Freiheit

In der Mechanik bezeichnet man ein Material als plastisch, das nicht zu seiner Ursprungsform zurückkehren kann, wenn es einmal umgeformt wurde.[1] In diesem Sinne steht »plastisch« im Gegensatz zu »elastisch«. Plastisches Material bewahrt die Prägung und widersetzt sich in diesem Sinne einer unendlichen Polymorphie. Genauso ist es mit dem Marmor, der vom Bildhauer bearbeitet wird. Wenn die Statue einmal fertig ist, ist keine Rückkehr zur Indetermination des Ausgangspunkts möglich. Plastizität bezeichnet also sowohl Festigkeit als auch Geschmeidigkeit, den endgültigen Charakter der Prägung, der Konfiguration oder der Modifikation. Dieser ersten Grenze oder diesem ersten Extrempunkt des Sinns entsprechend, kennzeichnet die Plastizität – ohne deshalb mit Unbeweglichkeit vergleichbar zu sein – eine bestimmte Determination der Form; sie ist eine sehr strenge Einschränkung der Fähigkeit zur Umformung, Rückformung oder Explosion. Wir werden sehen, dass diese gewissermaßen »abgeschlossene« oder eingeschränkte Bedeutung wesentlich in der Plastizität

---

1 Daher bezeichnet man als »plastisches Material« alle synthetischen Stoffe, die geformt und modelliert werden können (Bakelit, Zellulose, Nylon, Polyamid, Polyester, Kunstharz, Silikon…) und die nach der Herstellung nicht von sich aus in ihren Ursprungszustand zurückkehren können. Viele von ihnen sind nach der Formgebung und Erkaltung unveränderlich.

der Entwicklung von neuronalen Verbindungen wirksam ist, die mit der genetischen Determination verbunden ist, welche die Konstitution des gesamten Gehirns bestimmt.

Die zweite Grenze des Bedeutungsumfangs der Plastizität ist – umgekehrt – durch eine »offene« oder nicht eingeschränkte Definition gekennzeichnet. Dieser zweiten Grenze entsprechend, bezeichnet Plastizität eine sehr viel effektivere Fähigkeit zur Transformation. Es handelt sich allerdings nicht um eine unendliche Modifizierbarkeit – eine Polymorphie wird nie erreicht –, sondern um eine Möglichkeit, die Markierung oder Prägung zu verlagern oder zu transformieren, also gewissermaßen die Determination zu verändern. Als Beispiel für eine solche Bedeutung betrachten wir die Eigenschaften der Stammzellen, die als »adult« oder »erwachsen« bezeichnet werden (die im Organismus des Erwachsenen wirksam sind und die man daher von »embryonalen« Stammzellen unterscheidet). Die erwachsenen Stammzellen sind nicht-spezialisierte Zellen, die sich in spezialisierten Geweben (Gehirn, Knochenmark, Blut, Blutgefäße, Netzhaut, Leber...) finden. Sie können sich erneuern, und die meisten von ihnen spezialisieren sich, um alle Zelltypen des ursprünglichen Gewebes zu produzieren, die normalerweise schwächer werden. So sind zum Beispiel die Stammzellen des Knochenmarks unreife Blutzellen. Aber während die meisten erwachsenen Stammzellen Zellen erzeugen, die denen des Gewebes, aus dem sie kommen, ähnlich sind, hat man entdeckt, dass bestimmte von ihnen (insbesondere die Stammzellen der Lederhaut) sich in unterschiedliche Zelltypen (zum Beispiel Nerven- oder Muskelzellen) umwandeln können. Man sagt daher, dass sie sich

»transdifferenzieren«, das heißt buchstäblich ihre Differenz verändern.[2]

Eben diese Fähigkeit, sich differenzieren und transdifferenzieren zu können, wird als Plastizität der Stammzellen bezeichnet. Im ersten Fall – der Fähigkeit, sich in Zellen desselben Gewebes zu differenzieren – werden die Zellen als *multipotent* bezeichnet.[3] Im zweiten Fall – der Fähigkeit, sich zu spezifischen Zelltypen anderer Gewebe entwickeln zu können – werden die Stammzellen als *pluripotent* bezeichnet.[4] Die Plastizität der Stammzellen – die es ermöglicht, zwischen Multipotenz und Pluripotenz an eine Art Differenzierungsskala zu denken – ist ein äußerst verblüffendes Beispiel und vielleicht sogar das

---

2 Ali Turhan, »Des cellules souches adultes greffées sont reprogrammables«, in *La Recherche*, Nr. 365, Juni 2003, Rubrik »Plasticité«, S. 18.

3 Die Stammzellen des Gehirns differenzieren sich zwangsläufig in einen der beiden Zelltypen, der in ihm vorhanden ist: Neuronen oder gliale Zellen. Es gibt einen bestimmten Spielraum für die Differenzierung, die als multipotent bezeichnet wird, aber dennoch begrenzt bleibt. Die multipotenten Stammzellen erzeugen nur eine begrenzte Zahl von Zelltypen.

4 »Multipotenz« und »Pluripotenz« sind, wie wir noch einmal wiederholen, Merkmale von adulten Stammzellen, welche man von embryonalen Stammzellen unterscheidet, die ihrerseits als »totipotent« bezeichnet werden, da sie praktisch alle der 200 bekannten Zelltypen entwickeln können, die das breite Spektrum von Geweben und Organen wie etwa das Herz, die Bauchspeicheldrüse und das Nervensystem bilden. Die embryonalen Stammzellen sind somit in der Lage, ein vollständiges Individuum zu schaffen. Es gäbe noch viel zum Thema der Stammzellen zu sagen, etwa zu ihrem Funktionieren, zu den erstaunlichen Möglichkeiten autologer Verpflanzungen (Verpflanzungen der eigenen Organe des Patienten, gewissermaßen eine Regenerierung des Individuums durch sich selbst), die sie zu versprechen scheinen, sowie zur philosophischen Analyse von Begriffen wie Differenz, Wiederherstellung, Transformation, Neumodellierung der Spur oder Bahnung. Aber das wäre eine andere Debatte. Die Stammzellen werden hier nur aus zwei Gründen betrachtet: um ein Paradigma für die »offene« Bedeutung der Plastizität zu liefern, und um es zu ermöglichen, die Rolle der sekundären (adulten) Neurogenese bei der Modulation der synaptischen Effizienz zu betrachten.

Paradigma der »offenen« Bedeutung der Plastizität. Nach dieser Bedeutung bezeichnet Plastizität im allgemeinen die Fähigkeit, das »Schicksal« zu ändern, seinem Weg eine andere Richtung zu geben, anders zu navigieren,[5] seine Form zu reformieren und sie nicht nur als das zu konstituieren, was die »abgeschlossene« Bedeutung besagt. Diese offene Bedeutung ist wesentlich wirksam in der Plastizität der Modulation, wie wir sehen werden, wenn wir das Zusammenspiel der synaptischen Verbindungen und der »sekundären Neurogenese« untersuchen – also die Erneuerung von Neuronen im erwachsenen Gehirn, ausgehend von den Stammzellen.

Mit der Plastizität haben wir es also nicht mit einem widersprüchlichen, sondern mit einem graduellen Begriff zu tun, da Plastizität im eigentlichen Sinne zwischen den Extrempunkten einer formellen Notwendigkeit (der irreversible Charakter der Formwerdung – Determination) und einer Remobilisierung der Form (Fähigkeit, sich anders zu formen, sich zu verlagern, sprich die Determination zu vernichten – Freiheit) angesiedelt ist. Eben diese Synthese, diesen semantischen Reichtum müssen wir im Laufe der Untersuchung im Auge behalten.

»Drei« Plastizitäten

Nähern wir uns so genau wie möglich dem biologischen Phänomen der Plastizität des Gehirns, indem wir ihren drei

---

5 Man spricht in der Tat von einer »Nagivation« der Zellen.

Hauptfunktionen folgen: Plastizität der Entwicklung, Plastizität der Modulation und Plastizität der Wiederherstellung.

Plastizität der Entwicklung:
die Entstehung von neuronalen Verbindungen

Was findet man im Gehirn? Milliarden von Neuronen (etwa 20 Milliarden beim Menschen), die durch ein Netz von unzähligen Verbindungen, den Synapsen, verbunden sind. »Das menschliche Gehirn«, erklärt Changeux, »stellt sich dar als ein Gebilde aus Milliarden ineinander verwobener neuronaler ›Spinnennetze‹, in denen Myriaden elektrischer Impulse ›knistern‹ und kreisen, die hier und da mit einer großen Vielfalt chemischer Signale in Verbindung treten.«[6] Diese »Spinnennetze«, die die neuronalen Verbindungen sind (welche auch als »Arboreszenzen« bezeichnet werden), entstehen nach und nach im Laufe der Entwicklung des Individuums. Man spricht von Plastizität, um genau diese Genese der Nerven zu beschreiben. Es ist tatsächlich so: das Gehirn formt sich. »Der Mensch wird mit einem Gehirn geboren, das etwa 300 Gramm wiegt, also ein Fünftel des Gewichts des erwachsenen [Gehirns]. [...] Eines der Hauptmerkmale der Entwicklung des menschlichen Gehirns besteht darin, dass es sich noch lange nach der Geburt weiterentwickelt.«

Alles beginnt also mit der Entstehung von Verbindungen, die sich dann vervielfachen und immer komplexer werden. Die Vergrößerung der Gehirnmasse fällt mit der Vervielfachung

6 J.-P. Changeux, *Der neuronale Mensch*, a.a.O., S. 165.

von Axonen und Dendriten zusammen, mit der Bildung von Synapsen und der Entwicklung von Myelinschichten, die die Axonen umgeben. Diese Entwicklung unterliegt streng der genetischen Determination. Aus der Sicht ihrer Genese und ihrer Konstitution »sind alle menschlichen Gehirne ähnlich«, sagt Marc Jeannerod.[7] Die Verbindungen, die die Anatomie des vollendeten Gehirns ausmachen, sind offensichtlich weder ein Ergebnis des Zufalls noch ein spontanes Arrangement. Die Migration der Nervenzellen und die Anpassung an ihr Ziel sind vorprogrammiert. »Um nur ein Beispiel zu nennen«, fährt der Autor fort, »die Fasern, die von der Netzhaut kommen und visuelle Informationen transportieren, enden bei allen Individuen im visuellen Teil des Kortex, das heißt im Hinterhauptlappen, der den hinteren Teil des Gehirns einnimmt; bei allen Individuen werden Verbindungen dieses visuellen Teils zu anderen Regionen hergestellt, die im Scheitellappen und im Schläfenlappen liegen, und so weiter. Das Gehirn des Erwachsenen spiegelt also die Existenz eines vorgegebenen Plans wider, der bewirkt, dass seine Anatomie bei allen Individuen gleich ist.«[8]

Wenn die Nervengenese einem »vorgegebenen Plan« entspricht, warum soll man dann von Plastizität sprechen, um diese Entwicklung zu charakterisieren? Aus zwei wichtigen Gründen, die sich während der Entwicklung erstens auf die Herstellung von Verbindungen, also auf Prozesse, die wir soeben beschrieben haben, und zweitens auf ihre Modellierung (die nicht mit der Modulation der synaptischen Effizienz ver-

---

7 M. Jeannerod, *Le cerveau intime*, a.a.O., S. 17.
8 Ebd.

wechselt werden darf) beziehen. In beiden Fällen ist es die Ausführung des Programms, das wie die Bildhauerkunst arbeitet. Es gibt so etwas wie eine plastische Kunst des Gehirns, aus der sich die Verwendung des Begriffs Plastizität in diesem Zusammenhang herleitet. Hier kommt die eingeschränkte oder »abgeschlossene« Bedeutung des Begriffs zur Geltung: die Skulptur als eine determinierte Form.

Im Laufe des Prozesses der Herstellung von Verbindungen ist der Meißel des Bildhauers das Phänomen, das als »Apoptose« oder »Zelltod« bezeichnet wird. Dieser Tod ist ein normales Phänomen. Er entspricht auch hier noch einem genetischen Programm, das dazu führt, unnütze Verbindungen zu beseitigen und nach und nach die endgültige Form des Systems zu skulpturieren, indem die Nervenfasern an ihre Ziele angepasst werden. Der neuronale Tod im menschlichen Gehirn beginnt beim Ende der Schwangerschaft und setzt sich nach der Geburt fort, mindestens während der ersten sechs Monate des Lebens. Beim Erwachsenen geht er in einem viel langsameren Rhythmus weiter: »Inzwischen ist der Zelltod«, schreibt Changeux, »vielfach und in den verschiedensten Bereichen des Nervensystems beobachtet worden; er bildet ein ganz normales Ereignis in der Entwicklung des Nervensystems.«[9] In einem Buch mit dem aufschlussreichen Titel Die Bildhauerarbeit des Lebenden beharrt der Biologe Jean-Pierre Ameisen auf der Tatsache, dass das Gehirn keineswegs – wie man lange geglaubt hat – ein Organ ist, das bei der Geburt geschaffen

---

9 J.-P. Changeux, *Der neuronale Mensch*, a.a.O., S. 273.

wird, sondern eine Instanz, die ihre eigene Form gleichzeitig empfängt und gestaltet. »Der Zelltod«, schreibt er, [ist] ein Werkzeug, das es dem Embryo ermöglicht, seine Form beim Werden zu entwickeln, und zwar durch einen Eliminierungsprozess, der der Bildhauerei ähnlich ist.«[10]

Nach diesem Entwicklungsstadium, wenn die endgültige Form des Systems einmal skulpturiert worden ist, »wird der genetische Determinismus schwächer«, erklärt Marc Jeannerod.[11] »Nach der Geburt beginnt das topographische Netz, das während der Embryogenese geschaffen und durch den neuronalen Tod und die Eliminierung von Verbindungen stabilisiert wird, unter dem Einfluss von äußeren Faktoren zu funktionieren. Dieses Funktionieren löst eine neue Phase der Modellierung von Verbindungen aus.«[12] Die Rolle der Umgebung ist hier also grundlegend. Ein großer Teil der Entwicklung des menschlichen Gehirns geschieht an der frischen Luft, beim Kontakt mit Stimulationen der Welt, die die Entwicklung und das Volumen der Verbindungen direkt beeinflussen. Das visuelle System ist zum Beispiel bei der Geburt nicht voll und ganz funktionsfähig. Die Synapsen, die die aus der Netzhaut kommenden Fasern mit den Neuronen des visuellen Kortex verbinden, sind noch nicht vollständig ausgebildet. Es sind also die von der Außenwelt empfangenen Informationen, die diese Synapsen aktivieren und dadurch die Reifung fördern. In diesem Sinne spricht man von einer Modellierung der Synapsen oder einem

---

10 Jean-Pierre Ameisen, *La sculpture du vivant. Le suicide cellulaire ou la mort créatrice*, Paris 1999, S. 30.
11 M. Jeannerod, *Le cerveau intime*, a.a.O., S. 20.
12 Ebd., S. 21.

Mechanismus der synaptischen Plastizität (der, wie man sieht, immer mit dem genetischen Programm verbunden ist) in der zweiten Phase der Entwicklung. Die Genese des Gehirns in den beiden ersten Phasen der Herstellung der Verbindungen und deren Reifung unter dem Einfluss der Umgebung verweist klar und deutlich auf eine Plastizität bei der Ausführung des Programms. In beiden Fällen erscheint das Gehirn gleichzeitig als eine geformte Instanz – die nach und nach skulpturiert, stabilisiert und in verschiedene Regionen aufgeteilt wird – und als eine formende Instanz: Schritt für Schritt, in dem Maße, wie das Volumen der Verbindungen zunimmt, beginnt sich die Identität eines Individuums abzuzeichnen. Und je mehr Zeit vergeht, um so mehr verliert diese »erste Plastizität« an deterministischer Strenge. Die Bildhauerarbeit beginnt zunehmend, zu improvisieren. Die Modellierung wird nach und nach zu dem, was unsere eigene Aktivität den Verbindungen einprägt: »Unser Gehirn, das durch unsere eigene Aktivität, durch unsere Interaktionen mit der Außenwelt und durch die Einflüsse, die wir im Laufe unserer Erziehung aufnehmen, modelliert wird, kennt unsere Geschichte und unseren Lebensweg. Aus dieser Vertrautheit entsteht eine tiefe Identität des Funktionierens unseres Gehirns mit unserem Verständnis der Welt, sozusagen eine Identität der Sichtweisen.«[13]

Die erste Ebene der Plastizität ist eng mit der zweiten verbunden, da der Einfluss der Umwelt zunehmend an die Stelle der epigenetischen Bildhauerarbeit tritt und da sie einen immer

13 Ebd., S. 25-27.

deutlicheren Einfluss ausübt. Die eingeschränkte oder »abgeschlossene« Bedeutung der Plastizität trifft sehr schnell auf ihre »offene« Bedeutung: die »Freiheit«, in der sich in erstaunlicher Weise Determinismus und Indetermination begegnen. Wir sehen nunmehr, dass die zerebrale Morphogenese nicht zur Schaffung einer unbeweglichen und definitiv stabilen Struktur führt, sondern zur Bildung dessen, was man als ein Schnittmuster bezeichnen könnte. Dieses wird dann, während der Entwicklung sowie – in diskreterer, aber immer noch effektiver Weise – während des ganzen späteren Lebens verfeinert (skulpturiert). Die Nervenaktivität der vorgegebenen Kreisläufe übernimmt also die Nachfolge der Bildhauerei durch Apoptose. Von da an spielen die Umgebung des Gehirns als Organ (Modellierung von Verbindungen) und dann seine äußere Umgebung (synaptische Modulation durch Umwelteinfluss) die Rolle von morphogenetischen Faktoren.

Plastizität der Modulation: das Gehirn und seine Geschichte

An diesem Punkt treffen wir sehr schnell auf den zweiten Handlungsbereich der zerebralen Plastizität, die Modifizierung von neuronalen Verbindungen durch die Modulation der synaptischen Effizienz. Auf dieser Ebene tritt die Plastizität am deutlichsten und am kraftvollsten zutage, indem sie ihre Bedeutung »öffnet«. Es gibt so etwas wie eine neuronale Kreativität, die von nichts anderem als von der Erfahrung eines Individuums, von seinem Leben und von seinen Interaktionen mit seiner Umgebung abhängig ist. Diese »Kreativität« ist nicht allein für das menschliche Gehirn reserviert, sondern bereits in den rudimentärsten Nervensystemen wirksam.

Eine solche Plastizität, die in der Gestaltung von Verzweigungen und in der Modulation der synaptischen Effizienz besteht, wurde zum ersten Mal durch den kanadischen Neurologen Donald Olding Hebb ans Licht gebracht.[14] Ende der 1930er Jahre haben ihn verschiedene experimentelle Beobachtungen dazu gebracht, die Auffassung einer unbeweglichen Lokalisierung der Erinnerungskreisläufe nach dem Vorbild der von Pawlow beschriebenen Reflex-Kreisläufe aufzugeben. Man sollte ihm zufolge eher von der Existenz »plastischer Synapsen« ausgehen, die in der Lage sind, ihre Übertragungseffektivität anzupassen. Hebb formuliert die Hypothese von neuronalen Kreisläufen, die in der Lage sind, sich selbst zu organisieren, das heißt ihre Verbindungen während der Aktivität, die bei der Wahrnehmung oder beim Lernen nötig ist, zu modifizieren. Die Synapse ist der bevorzugte Ort, an dem die Nerventätigkeit eine Spur hinterlassen kann, die sich durch die Wiederholung einer früheren Funktionsweise verlagern, modifizieren oder transformieren lässt.

Die Fähigkeit der Synapsen, ihre Effektivität modulieren und die Stärke ihrer Verzweigungen unter dem Einfluss der Erfahrung modifizieren zu können, ist in einem doppelten Sinne wirksam. Zum einen nimmt die Effektivität der Synapse zu (ihre Fähigkeit, Signale von Neuron zu Neuron übertragen

---

14 Donald Olding Hebb (1904-1985) ist der Autor von *The Organization of Behaviour: A Neuropsychological Theory*, London 1949. Der Begriff »Plastizität« wurde zum ersten Mal von dem großen polnischen Neurologen Jerzy Konorski verwendet, der eine Betrachtung der Synapsenfunktion vorschlägt, die der von Hebb sehr nahe steht (*Conditioned Reflexes and Neuron Organization*, Cambridge 1948; *Integrative Activity of the Brain*, Chicago 1967).

zu können): das ist die »Langzeit-Verstärkung« (*long-term potentiation*, LTP); zum anderen wird sie geringer und das ist die »Langzeit-Abschwächung« (*long-term depression*, LTD). Das lässt sich bereits bei einem Tier wie der Meeresschnecke Aplysia verifizieren. Ihr zentrales Nervensystem ist einfach und besteht aus acht Ganglionen-Paaren, die rund um den Ösophagus und ein großes abdonimales Ganglion angesiedelt sind. Die Aplysia hat ein kleines Repertoire von stereotypen Verhaltensweisen, zu denen mehrere Schutzmechanismen wie die Zusammenziehung des Siphons und der Kiemen gehören. Die Intensität ihres Verteidigungsreflexes wird durch die Erfahrung moduliert. Die Wiederholung von ungefährlichen Reizungen des schützenden Mantels hat eine Verringerung des Reflexes (Habituation) zur Folge, die sich in einer Verringerung der Bewegungsamplitude des Rückzugs äußert. Diese Habituation wird von einer Abschwächung der Synapsentätigkeit begleitet, und zwar entsprechend der Menge von Neurotransmittern, die auf der Ebene der senso-motorischen Synapse freigesetzt werden.[15]

Bei den Anpassungs-, Lern- und Erinnerungsprozessen, die bei Vögeln stattfinden, treten die Phänomene der Langzeit-Verstärkung und -Abschwächung noch deutlicher zutage. Die Schwarzkopfmeise lagert zum Beispiel ihre Nahrung in verschiedenen Verstecken und findet sie später unfehlbar wieder. Wie Forscher herausgefunden haben, ist eine der Gehirnzonen

---

15 Die Neurotransmitter (Acetylcholin, Adrenalin...) sichern die Übertragung des Nervensignals von einer Seite der Synapsenspalte zur anderen. Die Chemie tritt somit an die Stelle der Elektrizität (die Reihenfolge der Übermittlung des Nervensignals ist elektrisch/chemisch/elektrisch).

(der Hippocampus[16]), die an diesem Prozess beteiligt ist, bei diesem Vogel größer als bei anderen, die diese Einlagerung von Nahrungsmitteln nicht praktizieren. Die Arten, die diese Einlagerung praktizieren, haben also deutlich voluminösere Hippocampi als die anderen. Diese Veränderung ergibt sich aus einer Vergrößerung der Zahl von neuen Neuronen, einer Verringerung des Zelltods (Apoptose) und einer Zunahme der Verbindungen zwischen den Neuronen und dem Hippocampus. Dieser weist somit eine bemerkenswerte strukturelle Plastizität auf.[17]

Verstärkung und Abschwächung sind nicht nur synaptische Prozesse, bei denen ein oder mehrere Reizungen unmittelbare Aktivierungen auslösen, sondern auch langfristige Modifikationen, die die Form verändern (Veränderung der Größe einer Gehirnzone, Variation der Permeabilität einer regelmäßig aktivierten Zone) und die Spur auslöschen können, um sie auf andere Weise neu anzulegen (Labilität der mnemischen Spur). Man kann in der Tat feststellen, dass bestimmte Nervennetze leistungsfähiger werden, wenn sie die Synapsen, die an Aufgaben beteiligt sind, welche zu Fehlern bei der motorischen Erziehung geführt haben, »abschwächen«. Das wird

---

16 Die fünfte Schläfenwindung des Gehirns, die eine wichtige Rolle beim Erinnerungsprozess spielt. Der Schlüssel zur Plastizität des Gehirns und des Verhaltens ist die Lern- und Erinnerungsfähigkeit. Der Hippocampus ist eine Region, die von diesen Operationen besonders betroffen ist. Seine Beschädigung hat besonders ernste und zumeist endgültige Folgen für die Kognition und die Erinnerung.

17 Siehe zu diesem Thema den Artikel von Sue D. Healy: »Plasticité du cerveau et du comportement«, in Catherine Malabou (Hg.), *Plasticité*, Paris 2000, S. 98-113.

besonders deutlich bei allen Lernprozessen im menschlichen Gehirn. Beim Erlernen des Klavierspiels macht der Mechanismus der Abschwächung von Eingangssignalen, die fehlerhaften Bewegungen (»falschen Anschlägen«) entsprechen, zum Beispiel den Erwerb von richtigen Bewegungen möglich. Im Fall der verstärkten Verbindungen vergrößern die Synapsen ihren Kontaktbereich, sodass ihre Durchlässigkeit zunimmt und die Nervenleitung schneller wird. Umgekehrt tendiert eine wenig benutzte oder »abgeschwächte« Synapse dahin, weniger leistungsfähig zu werden. Die Neuronen erinnern sich sozusagen an die Reizung. All das geht so vor sich, als ob es eine Stabilisierung der Erinnerungen nur unter der Bedingung einer potentiellen Destabilisierung der allgemeinen Erinnerungslandschaft gäbe.[18]

Die Langzeit-Verstärkung ist also strukturell mit der Langzeit-Abschwächung verbunden,[19] und diese Verbindung bildet die differenzierende oder vielmehr transdifferenzierende Kraft der neuronalen Plastizität. Analog zur Entwicklung von Stammzellen kann man davon ausgehen, dass die neuronalen Verbindungen aufgrund ihrer eigenen Plastizität immer in der Lage sind, die Differenz zu verändern, die Prägung anzunehmen oder zu verlieren und ihr Programm umzugestalten.

18 Über die erstaunliche Fähigkeit der dendritischen Verbindungen und Arboreszenzen siehe *La Recherche*, Nr. 368, Oktober 2003: »Des neurones pleins d'épines«, Rubrik »Plasticité«, S. 16.

19 Wenn die Synapsen und insbesondere die des Hippocampus sich infolge der LTP nur verstärken würden, würden sie alle in kurzer Zeit einen maximalen Wirkungsgrad erreichen und es wäre dann unmöglich, neue Informationen zu codieren.

Die Tatsache, dass die Synapsen in Abhängigkeit von der Erfahrung erleben können, dass ihre Effektivität verstärkt oder abgeschwächt wird, läuft also auf folgende Feststellung hinaus: Während alle menschlichen Gehirne sich ähneln, was ihre Anatomie betrifft, gleicht kein Gehirn dem anderen, was seine Geschichte betrifft. Die Phänomene des Lernens und der Erinnerung zeigen das ganz direkt. Wiederholung und Gewöhnung spielen eine beträchtliche Rolle, und das weist darauf hin, dass die Reaktion eines Nervenkreislaufs nie feststeht. Zu ihrer skulpturellen Rolle fügt die Plastizität die Funktionen eines Künstlers und der Erziehung zu Freiheit und Autonomie hinzu. Die Synapsen sind sozusagen die Zukunftsreserven des Gehirns. Sie sind weder starr noch schlichte Vermittler von Nerveninformationen, sondern haben das Vermögen, diese Informationen selber zu formen und umzuformen. »Die Effektivität der Synapsen«, sagt Marc Jeannerod, »variiert je nach dem Informationsstrom, der sie durchquert: Jeder von uns ist in seiner Kindheit und während seines ganzen Lebens einer einmaligen Konfiguration von Einflüssen aus der Außenwelt ausgesetzt, die sich auf die Form und die Funktionsweise seiner zerebralen Netze auswirkt.«[20]

Damit lässt sich das alte Dogma in Frage stellen, dem zufolge das erwachsene Gehirn regelmäßig an Plastizität verliert und es zwar neue Informationen aufnehmen kann, aber keine wesentliche Veränderung seiner Lernfähigkeiten, seiner Erinnerungsfunktionen oder seiner allgemeinen Struktur erfährt,

---

20 M. Jeannerod, *Le cerveau intime*, a.a.O., S. 10.

es sei denn im Sinne des Niedergangs oder der Degeneration. Man sieht im Gegenteil, dass es eine permanente Erneuerung der neuronalen Morphologie gibt.

Plastizität der Wiederherstellung: das Gehirn und seine Regeneration

Dieser Punkt führt uns zum dritten Handlungsbereich der Plastizität, zur Wiederherstellung. Hinter dem Ausdruck wiederherstellende Plastizität verbergen sich in Wirklichkeit zwei verschiedene Prozesse: die neuronale Erneuerung oder sekundäre Neurogenese, und die Fähigkeit des Gehirns, bestimmte Defizite, die durch Verletzungen verursacht wurden, ausgleichen zu können. Was ist unter »neuronaler Erneuerung« oder »sekundärer Neurogenese« zu verstehen? Nach dem, was wir soeben gesagt haben, sah es so aus, als ob auf eine erste – morphogenetische – Plastizität die zweite Plastizität der Modulation folgen würde, die die synaptische Effektivität zwar modifiziert, aber keinen Einfluss auf die anatomische Stabilität hat, als ob sie sozusagen innerhalb eines abgeschlossenen Systems arbeiten würde. »Manche Wissenschaftler«, erklärt Heather Cameron, »halten immer noch an der Hypothese eines stabilen Gehirns fest, der zufolge es keine anatomische Plastizität des erwachsenen Gehirns und insbesondere des Kortex gibt; sie meinen, dass die funktionale Plastizität, die den Lernprozessen zugrunde liegt, Modifikationen der Synapsenstärke voraussetzt, welche durch eine Modifikation der Rezeptoren oder der interzellulären Umgebung der Neuronen auf molekularer Ebene zustandekommen.«[21] Dieses Dogma vom stabilen Gehirn ist aber nicht ganz richtig. Die Autorin fährt fort: »Man weiß heute, dass bestimmte Neuronen in Regionen, die für Lernprozesse wichtig sind, sich kontinuierlich erneuern – was eine relativ wichtige anatomische Modifikation darstellt.« Selbst wenn die Rolle der Stammzellen im erwachsenen Gehirn und ihre Lokalisierung noch ziemlich unbekannt sind, und selbst wenn es wahrscheinlich ist, dass die sekundäre Neurogenese nicht alle Bereiche des Gehirns erfasst – die Erneuerung von Nervenzellen im Erwachsenenalter gibt es dennoch! Und indem sie völlig neue Perspektiven für die Wiederherstellung des Gehirns eröffnet, verändert sie die Art und Weise, in der man seine Funktionsweise betrachten muss.

Eine neuere Studie über den Neokortex von Primaten hat die Existenz von neuen Neuronen in drei Bereichen des assoziativen Kortex ans Licht gebracht: im Präfrontal-, im unteren Temporal- und im hinteren Parietallappen. »Dieses Ergebnis ist besonders interessant, denn der assoziative Kortex spielt eine wichtige Rolle bei den kognitiven Funktionen auf hohem Niveau, während der striatale Kortex [in dem man keine Erneuerung feststellen kann] beim Umgang mit Informationen visueller Herkunft interveniert. Dieser Unterschied führt zu dem Gedanken, dass die Neurogenese eine Schlüsselrolle bei den wesentlichen plastischen Funktionen spielen könnte, während sie bei Funktionen auf niederem Niveau wie beim

---

21 Heather Cameron ist Forscherin im Bereich molekulare Biologie am Institut für Gehirnschäden und neurologische Störungen (NINDS/NIH) in Bethesda, USA. Wir zitieren hier ihren Artikel »Naissance des neurons et mort d'un dogme«, in *La Recherche*, Nr. 329, März 2000, S. 28-35.

Umgang mit Sinneseindrücken, die im allgemeinen während des ganzen Lebens stabil sind, gegenstandslos wäre.«[22]

Die Produktion von neuen Neuronen spielt also nicht nur die Rolle, abgestorbene Zellen zu ersetzen, sondern interveniert bei der Plastizität der Modulation und öffnet somit den Begriff der Plastizität ein wenig mehr, was dazu führt, dass der Begriff der Stabilität ins Wanken kommt. Noch einmal: die Statue ist lebendig, das Programm belebt sich; dort, wo man so oft glaubte, nur eine Mechanik zu finden, trifft man auf ein komplexes Durcheinander von verschiedenen Plastizitätstypen, die den gewöhnlichen Vorstellungen vom Gehirn als Maschine widersprechen. Wie Alain Prochiantz hervorhebt: »Man muss es sagen: Eines der Hauptmerkmale des Nervensystems liegt zweifellos in seiner Plastizität. Das Gehirn kann nicht als ein Netz von endgültig installierten Kabeln betrachtet werden, und das Altern des Gehirns kann nicht als das Herausfallen einer immer größeren Zahl von Elementen dieses Kreislaufes aus dem Netz betrachtet werden. Auch wenn das nur in einigen wenigen experimentellen Modellen formal bewiesen wurde, können wir davon ausgehen, dass die Nervenfasern jeden Tag wachsen, dass die Synapsen sich auflösen und andere, neue sich bilden. Diese Modifikationen der neuronalen Landschaft [...] kennzeichnen unsere Adaptation, unsere Fähigkeiten, zu lernen und uns zu vervollkommnen, die bis ins hohe Alter, ja, bis zum Tod erhalten bleiben.«[23]

---

22 Ebd., S. 30. Zu dieser Studie siehe H. A. Cameron et al., *Current Opinion in Neurobiology*, 8, S. 677, 1998.

23 Alain Prochiantz, *La construction du cerveau*, Paris 1989, S. 66. In *Machine-ésprit* (Paris 2001, S. 175) fragt derselbe Autor: »Wer kann übrigens heute und

In einem Artikel mit dem Titel »Die seltsame Partitur der neuen Neuronen«[24] bestätigen die Forscher, dass »es im Licht der Beobachtungen zur sekundären Neurogenese klar zu sein scheint, dass die Anpassungsfähigkeit des Nervensystems von erwachsenen Vögeln und Säugetieren nicht nur ein Resultat der Variationen von synaptischen Verbindungen ist. Sie beruht auch auf der Produktion oder Erneuerung von bestimmten Neuronenpopulationen in einigen genau bestimmten Regionen – Regionen, deren gemeinsames Merkmal darin besteht, dass sie Funktionen haben, die mit dem Lernen und/oder der Erinnerung zu tun haben. In diesem Kontext scheint auch die sekundäre Neurogenese dazu beizutragen, dass die persönliche Erfahrung eines Subjekts den neuronalen Netzen regelmäßig ihren Stempel aufprägt, und zwar in Form von regelmäßigen morphologischen und funktionalen Erneuerungen. Die adulte Neurogenese – als extremer Mechanismus der Plastizität, die von der persönlichen Erfahrung eines Subjekts und von seinen Interaktionen mit der Umgebung kontrolliert wird – bildet somit höchstwahrscheinlich einen zusätzlichen Mechanismus der Individuation. Allerdings mit dem wesentlichen Unterschied, dass er während des ganzen Lebens einsatzbereit bleibt.«[25]

---

angesichts der radikalen Veränderungen unserer Auffassung vom Nervensystem sagen, dass diese (neurale) Erneuerung auf einige Gehirnbereiche begrenzt ist und nicht die Gesamtheit dieser Struktur umfasst? Und selbst wenn diese Begrenzung naturgegeben wäre, wer könnte verhindern, dass sie mit Hilfe der Wissenschaft aufgehoben wird?«

24 Pierre-Marie Lledo, Patricia Gaspar, Alain Trembleau, »La curieuse partition des nouveaux neurones«, in *La Recherche*, Nr. 367, September 2003, S. 54-60.

25 Ebd., S. 60. Siehe auch G. Miller, »Singing in the Brain«, zur neuronalen Erneuerung, die für den Gesang der Vögel notwendig ist, in *Science*, 2999, S. 646, 2003.

Die Idee einer Zellerneuerung, einer Regeneration und einer Ressource, welche ebenso viele Hilfskräfte der synaptischen Plastizität sind, wirft ein Licht auf das Heilungs-Vermögen – Behandlung, Vernarbung, Kompensation, Regenerierung und Fähigkeit des Gehirns, natürliche Prothesen zu schaffen. Die plastische Kunst des Gehirns bringt eine Statue zur Welt, die sich selber reparieren kann. Die Gehirnfunktion kann bekanntlich durch zahlreiche pathologische Ursachen beeinträchtigt werden. Am bekanntesten sind Schädelverletzungen, Gehirngefäß-Erkrankungen, Gehirnentzündungen und neurodegenerative Krankheiten (Parkinson, Alzheimer). Nach solchen Behinderungen oder Verletzungen beweist das Nervensystem immer wieder seine Plastizität, ganz gleich ob seine Bemühungen von Erfolg gekrönt sind: die betroffenen Strukturen oder Funktionen versuchen, sich so zu verändern, dass der Schaden ausgeglichen oder ein neues und anormales Organisationsschema gebildet wird, das den Normalzustand wiederherstellt.

Die reparierende Plastizität kann offensichtlich nicht alle Mängel ausgleichen. Manche neuronalen Verletzungen sind bekanntlich irreversibel. Aber zu Anfang gibt es im Gehirn immer einen mehr oder weniger gelungenen, mehr oder weniger wirksamen und mehr oder weniger dauerhaften Versuch zur Reorganisation einer beschädigten Funktion. Marc Jeannerod führt folgendes Beispiel für dieses Phänomen an: »Die Lähmung des linken Arms, die durch eine Verletzung des motorischen Bereichs im rechten Kortex infolge einer Gehirngefäß-Erkrankung ausgelöst wurde. Zu Anfang ist jede Bewegung unmöglich, der Arm ist unbeweglich und schlaff. Nach einiger Zeit kehrt die Muskelkraft wieder, der Ellbogen und das Handgelenk können wieder bewegt werden. Wie ist das möglich, wenn die Neuronen, die für die Steuerung dieser Bewegungen verantwortlich sind, zerstört wurden? [...] Hier ist das funktionale Neuro-Imaging von großem Nutzen: es zeigt uns, dass sich, während sich der Patient bemüht, den gelähmten Arm zu bewegen, der motorische Bereich im linken Teil des Kortex aktiviert. Der Patient hat von sich aus oder unter dem Einfluss der Rehabilitation gelernt, Nervenbahnen zu benutzen, die im Normalzustand nicht benutzt werden. Diese Reorganisation der motorischen Funktion zeugt ein weiteres Mal von der Plastizität zerebraler Mechanismen.«[26] Ein weiteres Beispiel: Was zu Anfang der Alzheimer-Krankheit geschieht. Die beginnende Amnesie wird teilweise durch die Fähigkeit zur Wiedererlangung der gespeicherten Information kompensiert. Die Deaktivierung bestimmter Regionen (Regionen des Hippocampus) wird durch eine metabolische Aktivierung anderer Regionen (Regionen im Frontalbereich) ausgeglichen. Nach der Beschädigung bestimmter Kreisläufe kommt es also zu einer Modifizierung der Strategien zur Informationsbehandlung, und diese Modifikation ist ein weiterer Beweis für die funktionale Plastizität des Gehirns.[27]

Es gibt also postläsionale Funktionen zur Reorganisation. Diese Phänomene können auch bei bestimmten Organverpflanzungen beobachtet werden. Im Januar 2000 hat das Operationsteam vom Édouard-Herriot-Krankenhaus in Lyon die

---

26 M. Jeannerod, *Le cerveau intime*, a.a.O., S. 69.

27 Siehe *La Recherche*, »Alzheimer, *cerveau sans mémoire*«, Sondernummer 10, Januar-März 2003, S. 27ff.

erste Verpflanzung von menschlichen Händen bei Denis Chatelier vorgenommen, einem Dreiunddreißigjährigen, dem vier Jahre zuvor bei einer Explosion die Hände abgerissen worden waren. Die Frage war folgende: Wenn es gelingen sollte, eine genaue anatomische Kontinuität zwischen den Händen des Spenders und den Vorderarmen des Empfängers herzustellen, würde es dann auch zur selben Kontinuität auf psychologischer und neurologischer Ebene kommen? Im Fall von Denis Chatelier ließ sich diese Frage mit ja beantworten. Seine Phantomschmerzen sind verschwunden, und die motorischen Fortschritte, die er gemacht hat, erlaubten die Feststellung, dass sein Gehirn die verpflanzten Hände erfolgreich integriert hat. »Wenn der motorische Kortex sich reorganisiert, modifizieren sich die Synapsen. Sie verändern ihre gegenseitigen Beeinflussungen, ihr ›Gewicht‹ in der lokalen Funktionsweise des Neuronennetzes. [...] Nach der Verpflanzung ist es den neuronalen Verbindungen gelungen, die Vorstellung von der Hand wiederherzustellen.« [28] Noch ein Beweis für die erstaunliche Anpassungsfähigkeit unseres Gehirns.

Sind wir frei, leistungsfähig zu sein?

Wir sehen: Es gibt nicht nur *eine*, sondern mehrere Plastizitäten der Gehirnfunktion. Die Interaktion dieser plastischen Modalitäten skizziert eine Organisation, die überhaupt nicht

---

28 Pascal Giraux und Angela Sirigu, »Les mains dans la tête«, in *La Recherche*, Nr. 366, Juli-August 2003, S. 60-63.

mehr den traditionellen Vorstellungen (die heute zu echten »epistemologischen Hindernissen« geworden sind) von einer Gehirnmaschine ohne Autonomie, ohne Geschmeidigkeit und ohne Werden entspricht. Es ist – entgegen diesen Vorstellungen, die nichts mehr beinhalten – dringend notwendig, darauf hinzuweisen, dass unser Gehirn zu einem wesentlichen Teil das ist, was wir daraus machen. Die individuelle Erfahrung öffnet – direkt im Programm – eine Dimension, die man gewöhnlich sogar für das Gegenteil des Begriffes Programm gehalten hat: die geschichtliche Dimension. Plastizität bezeichnet – zwischen Determinismus und Freiheit – alle Arten der Transformation, die sich zwischen ihrer abgeschlossenen (Endgültigkeit der Form) und ihrer offenen Bedeutung (Formbarkeit der Form) entfalten. Und zwar so weit, dass das zerebrale System heute als eine selbstskulpturierte Struktur erscheint, die – ohne jemals elastisch oder polymorph zu sein – eine beständige Selbstumgestaltung, »Schicksals«-Differenzen und eine Gestaltung der einzigartigen Identität duldet.

Somit stellt sich unweigerlich die Frage, wie man in plastischer Weise auf die Plastizität des Gehirns reagieren soll. Wenn das Gehirn ein Organ ist, das biologisch dazu determiniert ist, seine biologischen Determinationen zu lockern, wenn das Gehirn gewissermaßen ein Organ ist, das sich kultiviert, welche Kultur entspricht ihm dann, die nicht mehr eine Kultur des biologischen Gegen-Determinismus sein kann, die – anders gesagt – nicht mehr eine Kultur gegen die Natur sein kann? Welche Kultur ist somit die der neuronalen Befreiung? Welche Welt? Welche Gesellschaft?

Der Begriff der Plastizität hat sowohl eine ästhetische (Skulptur, Formbarkeit) als auch eine ethische (Fürsorge, Pflege, Hilfe, Wiederherstellung, Unterstützung) und eine politische Dimension (Verantwortlichkeit in der doppelten Bewegung von Formannahme und Formgebung). Es ist daher unvermeidlich, dass sich am Horizont der objektiven Beschreibungen der Plastizität Fragen abzeichnen, die das gesellschaftliche Leben und das Zusammensein betreffen. Um die Formulierung dieser Fragen voranzubringen, reduzieren wir sie auf folgende Alternative: Ermöglicht es die zerebrale Plastizität in Gestalt eines Modells eine Mannigfaltigkeit von Interaktionen zu denken, bei denen die Partner – durch die Forderungen nach Anerkennung, Nicht- Beherrschung und Freiheit – gegenseitig Transformationseffekte aufeinander ausüben? Oder muss man im Gegenteil davon ausgehen, dass die zerebrale Plastizität zwischen Determinismus und vielseitiger Verwendbarkeit die biologische Rechtfertigung eines ökonomischen, politischen und gesellschaftlichen Organisationstyps bildet, bei dem allein das Resultat der Handlung als solches zählt, sprich Effizienz, Anpassungsfähigkeit – eine bedingungslose Flexibilität?

Die Krise der Machtzentrale

Diese Fragen betreffen natürlich die Herrschafts- und Steuerungs-Funktionen, die dem Gehirn unmittelbar zugeschrieben werden. Da das Gehirn in jedem Individuum die Leitungsinstanz par excellence bildet, haben alle Beschreibungen, die man von ihm machen kann, auf die eine oder andere Weise immer etwas mit der politischen Analyse zu tun. Man kann daher sagen, dass es keine wissenschaftliche Untersuchung der Modalitäten der zerebralen Macht gibt, die nicht zugleich – implizit und zumeist unbewusst – eine Stellungnahme wäre, was die zeitgenössische Macht dieser Untersuchung selbst betrifft. Es gibt heute eine sehr enge Beziehung zwischen den Beschreibungen der zerebralen Funktionen und der politischen Auffassung von Führung.

Worin besteht der wichtigste Verbindungspunkt zwischen dem Neuronalen und dem Politischen? Aufgrund der vorherigen Beschreibungen der zerebralen Plastizität kann man, ohne zu zögern, antworten: es handelt sich um die Infragestellung der Zentralität. Die Metapher vom Zentralorgan ist wirklich endgültig überholt, auch wenn sie weiterhin als epistemologisches und ideologisches Hindernis wirksam ist. Diese Krise der Zentralität beruht auf einer Verlagerung (Delokalisierung) und auf einer retikulären, netzartigen Geschmeidigkeit der Führungsstrukturen. Ebenso wie die neuronalen Verbindungen geschmeidig sind und weder einem zentralisierten noch einem wirklich hierarchisierten System gehorchen, weist die politische und wirtschaftliche Macht eine organisatorische Geschmeidigkeit auf, innerhalb derer das Zentrum verschwunden zu sein scheint. In dieser neuen Gestalt der Steuerung spiegeln sich das Biologische und das Gesellschaftliche wider.

Das Ende der »Gehirnmaschine«

Telefonzentrale und Computer

Diese neue Gestalt erklärt das Ende von wohlbekannten technischen Metaphern, die die zerebralen Funktionen angeblich adäquat beschreiben sollen. Es handelt sich hauptsächlich um Metaphern der Maschine, die das Gehirn – wie übrigens auch die Maschine selbst – zu einer Zentrale machen. Die beiden berühmtesten Metaphern, die heute durch die Entdeckung der Plastizität fragwürdig geworden sind, sind die vom »Gehirn als Telefonzentrale« und vom »Gehirn als Computer«. Beide verbinden das Gehirn mit einer Zentralstelle und die zerebrale Organisation mit einem Zentralisierungs-Prozess.

In *Materie und Gedächtnis* entwickelt Bergson die berühmte Analogie von Gehirn und Telefonzentrale. Für ihn ist die Rolle des Gehirns auf die Zentralisierung der Information begrenzt. Das Gehirn erzeugt keine Vorstellungen; es beschränkt sich darauf, sie zu sammeln, sie hereinkommen, hinausgehen und zirkulieren zu lassen: »Das Gehirn ist nach unserer Ansicht nichts anderes als eine Telefonzentrale: seine Aufgabe ist, ›die Verbindung herzustellen‹ – oder aufzuschieben. Es fügt dem, was es empfängt, nichts hinzu; aber […] es ist in Wahrheit eine Zentralstelle.«[1] Für Bergson geht es tatsächlich darum, die Rolle zu bestimmen, die das Gehirn bei der Aktion spielt: wie eine Telefonzentrale stellt es Verbindungen her, aber mischt sich nicht in die Verbindung selber ein. Somit hat es keinerlei Schöpfungs- oder Improvisationsvermögen, sondern lässt die Botschaften gewissermaßen nur durchlaufen. »Das Gehirn«, erklärt Marc Jeannerod, als er diese Sätze aus *Materie und Gedächtnis* kommentiert, »verbindet die Nervenreizung, die von der Peripherie gekommen ist, mit dem motorischen Mechanismus. Im Fall der Reflexbewegung verbreitet sich die Reizung direkt bis zu den motorischen Mechanismen des Rückenmarks, und die Aktion erfolgt unmittelbar. Im Fall einer komplexeren Aktion, im Zusammenhang mit einer Wahrnehmung, macht sie einen Umweg durch die sensorischen Zellen des zerebralen Kortex, bevor sie ins Rückenmark hinabsteigt. Was hat sie durch diesen Umweg gewonnen? Bestimmt nicht das Vermögen, sich in eine Vorstellung umzuwandeln (was laut Bergson nutzlos ist), sondern nur die Tatsache, durch die Zellen des motorischen Kortex mit sämtlichen motorischen Mechanismen des Rückenmarks verbunden werden und somit frei ihre Wirkung auswählen zu können.«[2] So faszinierend diese Metapher von der Telefonzentrale auch sein mag, sie ist heute gerade wegen des absoluten Mangels an Plastizität, den sie zum Ausdruck bringt und der die synaptische und

---

1 Henri Bergson, *Materie und Gedächtnis*, übers. von Julius Frankenberger, Hamburg 1991, S. 14.

2 Marc Jeannerod, *La nature de l'esprit*, Paris 2002, S. 85-86.

neuronale Vitalität nicht in stichhaltiger Weise berücksichtigt, völlig veraltet.[3]

Auch die kybernetische Metapher hat sich überlebt. Ein Unterabschnitt von Jeannerods Buch *Die Natur des Geistes* hat übrigens den Titel »Der Vergleich zwischen Gehirn und Computer ist unhaltbar«.[4] Auch dieser Vergleich stammt aus den 1950er Jahren und hat sich bis Ende der 1980er behauptet. Er hat den Forschungen zur Künstlichen Intelligenz beträchtliche Fortschritte ermöglicht. Die Gemeinsamkeit von Gehirn und Computer liegt unbestreitbar im Begriff des Programms: das Gehirn wäre somit eine zentrale Funktion der Programmierung. Die Analogie zwischen dem kybernetischen und dem zerebralen Bereich beruht ganz einfach auf der Vorstellung, dass denken darauf hinausläuft, zu rechnen, und dass rechnen auf programmieren hinausläuft. Computer und Gehirn wären schließlich beide »Denkmaschinen«, das heißt physisch-mathematische Ensembles, die die Eigenschaft haben, mit Symbolen umgehen zu können. Seit der Entdeckung der Plastizität der zerebralen Funktionen ist auch dieser Vergleich überholt. Was die Plastizität außer Kraft setzt, ist nicht der analogische oder explikative Wert des mechanischen Paradigmas selbst (eines Paradigmas, das in einem bestimmten Maße unentbehrlich ist, um sich das zerebrale Funktionen vorzustellen), sondern vielmehr die Funktion der Zentrale, die gemeinhin mit dem Computer und seinen Programmen assoziiert wird.

---

3 Zu Bergsons Auffassung vgl. auch J.-P. Changeux, *Der neuronale Mensch*, a.a.O., S. 166.

4 M. Jeannerod, *La nature de l'esprit*, a.a.O., S. 18.

Die Unbeweglichkeit, Starrheit und Anonymität der Zentrale steht im Gegensatz zum Modell einer Geschmeidigkeit, die eine gewisse Marge der Improvisation, der Schöpfung und des Zufälligen beinhaltet. Wie Jeannerod des weiteren sagt: »Man kann sich die Aktivität des Nervensystems eher wie die Konturen einer Karte mit mehreren Dimensionen vorstellen als wie eine Sequenz von Symbolen.«[5] Die Vorstellung vom Zentrum zerplatzt in Netze.

Die Interaktion des Gehirns mit der Umgebung wirkt selbst wie eine Führungsinstanz, deren noch nie dagewesene Form und Lokalisierung die traditionelle Geographie der Herrschaft verunsichern. Die funktionale Plastizität des Gehirns dekonstruiert seine Funktion als Zentralorgan und erzeugt das Bild eines fließenden Prozesses, der überall und nirgends im Gange ist und Innen und Außen in Kontakt bringt, indem er ein internes Prinzip der Kooperation, der gegenseitigen Hilfe und der Wiederherstellung und ein externes Prinzip der Anpassung und Evolution entwickelt. »Das Gehirn wäre somit kein Organ mehr, das die Befehle des Geistes in den Körper übermittelt, nicht so etwas wie ein Kontrolleur, der von oben nach unten tätig ist, sondern vielmehr ein System, das permanent Lösungen vorschlagt, die [...] unserer Geschichte und unseren Bedürfnissen entsprechen.«[6] Gilles Deleuze – einer der wenigen Philosophen, die sich seit den 1980er Jahren für die neurowissenschaftliche Forschung interessiert haben – geht sogar so weit, vom Gehirn als von einer »azentrischen Struktur« zu

5 M. Jeannerod, *La nature de l'esprit*, a.a.O., S. 21.
6 Ebd., S. 137.

sprechen, von einem »Bruch mit dem klassischen Bild«, das man sich von ihm macht.[7] Der zerebrale Raum besteht aus Einschnitten, Leerstellen und Sprüngen, sodass er nicht mehr als ein integrierendes Ganzes betrachtet werden kann. Das neuronale Gewebe ist in der Tat diskontinuierlich: »Die Nervenschaltkreise bestehen aus Neuronen, die in den Synapsen unverbunden nebeneinanderliegen. Zwischen den Neuronen befinden sich ›Unterbrechungen‹.«[8] Zwischen zwei Neuronen gibt es also eine Zäsur, und die Synapse ist selber »gespalten« (daher spricht man auch von »synaptischen Spalten«). Intervalle oder Einschnitte spielen also eine entscheidende Rolle bei der zerebralen Organisation. Die Nerveninformation muss Leerstellen überwinden, und somit tritt zwangsläufig etwas Zufälliges zwischen die Aussendung und den Empfang einer Botschaft, das genau den Handlungsbereich der Plastizität skizziert. Diese spezifische Verbreitung der Information widerspricht der Idee der Kontinuität und durchkreuzt auch die Vorstellung einer vertikalen Organisation. »Die Entdeckung eines probabilistischen oder halb-zufälligen zerebralen Raums, eines ›uncertain system‹«, erklärt Deleuze, beinhaltet die Idee einer vielfältigen, fragmentarischen Organisation, also eher eine Gesamtheit von Mikro-Mächten als die Form eines Zentralkomitees. Die Folge ist, dass »unsere erlebte Beziehung zum Gehirn immer fragiler, immer weniger ›euklidisch‹ wird und kleine Gehirntode durchläuft. Weit davon entfernt, mit ihm zur Herr-

---

7 Gilles Deleuze, *Das Zeit-Bild. Kino 2*, übers. von Klaus Englert, Frankfurt a. M. 1991, S. 272.

8 J.-P. Changeux, *Der neuronale Mensch*, a.a.O., S. 110.

schaft, zur Lösung oder Entscheidung vorgedrungen zu sein, wird das Gehirn zu unserem Problem, zu unserer Krankheit oder zu unserer Passion.«[9] Es gibt also ein erlebtes Gehirn, aber wie schon zu Anfang gesagt, dieses erlebte Gehirn ist nicht zwangsläufig bewusst. Der Beweis dafür ist, dass es der inneren Empfindung der zerebralen Fragilität, die beständig von den Medien-Bildern über neurodegenerative Krankheiten genährt wird, nicht gelingt, die gängige Vorstellung einer unbeweglichen Zentralität zu beseitigen, die nicht einmal brauchbar ist, um die Maschine selber zu beschreiben. Wir streifen hier das riesige Problem des Vergleichs von Gehirn und Maschine im allgemeinen. Das wäre eine andere Debatte und ein anderes Buch. Wir wollen nur versuchen, das ideologische Klischee zu analysieren, das sowohl mit dem Funktionieren des Gehirns als auch mit dem der Maschine verbunden ist, das Klischee eines zentrierten und zentralisierenden Programms, das keinerlei Platz für die Plastizität lässt und keine Beziehung zur Alterität hat. Warum hält sich dieses Klischee, das von den wissenschaftlichen Entdeckungen heftig attackiert wird, so hartnäckig am Leben? Warum hindert es uns, klar zu denken und auf den Begriff zu bringen, was wir tatsächlich leben, sprich, was wir in vielerei Hinsicht mit unserem Gehirn machen, das – es sei noch einmal gesagt – unser Werk ist und das während unseres ganzen Lebens durch die innere Erfahrung der Außenwelt gestaltet wird? Warum springt uns der eindeutig obsolete Charakter der kybernetischen Metaphern, der durch die aktuellen

---

9 G. Deleuze, *Das Zeit-Bild*, a.a.O., S. 272-273.

Forschungen zur zerebralen Plastizität enthüllt wurde, nicht leichter in die Augen, wo wir doch in der Zeit der sogenannten »schwachen« Künstlichen Intelligenz leben?[10] Und warum hindern uns diese selben Metaphern und Klischees daran, klar zu denken und auf den Begriff zu bringen, was wir mit unseren Computern erleben? Warum zwingen sie uns immer noch, einen zweitklassigen anti-technologischen Diskurs zu halten, der durch die angebliche Allmacht des Programm-Zentrums unterstützt wird?

Eine der wichtigsten Arbeiten zum Problem des Vergleichs von Gehirn und Computer ist zweifellos das Buch zur Philosophie des menschlichen Bewußtseins des amerikanischen Philosophen Daniel C. Dennett. Dieser Philosoph ist der Meinung, dass die Analogie (nicht aber die Identität, wie er präzisiert) von Gehirn und Informatikwerkzeug durchaus zutreffend ist.[11] Interessant ist allerdings, dass er zur Begründung dieser

---

10 »Vierzig Jahre nach ihrer Erfindung ist die Bilanz der KI zumindest gemischt. Immer mehr Spezialisten beziehen sich [nach den Analysen von Searle] auf das Projekt einer ›schwachen KI‹ im Gegensatz zur ›starken KI‹ der Anfänge. Das Projekt der ›starken KI‹ bestand darin, die Art und Weise, in der der Mensch denkt, aufzudecken und zu rekonstruieren und dann darüber hinauszugehen. Das Projekt der ›schwachen KI‹ ist viel bescheidener. Es geht darum, menschliche Verhaltensweisen, ›die für intelligent gehalten werden‹, durch Ingenieurmethoden zu simulieren, ohne sich darum zu kümmern, ob der Mensch in der gleichen Weise vorgeht. Man spricht heute lieber von ›Hilfs‹-Software zur Schöpfung oder Entscheidungsfindung statt von einer Maschine, die den Menschen ersetzen könnte.« Jean-François Dortier, »Espoirs et réalités de l'intelligence artificielle«, in *Le cerveau et la pensée*, a.a.O., S. 107-115, S. 115.

11 Daniel C. Dennett, *Philosophie des menschlichen Bewußtseins*, a.a.O., S. 262. »Die benötigte Beschreibungs- und Erklärungsebene ist *analog* (aber nicht identisch) mit einer der ›Software-Ebenen‹ der Beschreibung von Computern: Was wir verstehen müssen ist, wie menschliches Bewußtsein in der Operation einer *virtuellen Maschine* […] realisiert werden kann.« Der Begriff »virtuelle Maschine« stammt offensichtlich von Alan Turing.

Ansicht nicht die Argumente vorbringt, die man üblicherweise erwarten würde. Dennett stellt den Computer selber als eine plastische Organisation dar, die vielfältige und geschmeidige Befehlsebenen hat. Der Vergleich von Gehirn und Computer beruht genau auf dieser Plastizität. Er dient als Analogon. »Ein Computer hat eine grundlegende fixierte oder stark verdrahtete Architektur, die dennoch in hohem Maße plastisch ist, und zwar dank des Gedächtnisses [Arbeitsspeichers].«[12] Kann man diese Plastizität besser beschreiben? Wie das Gehirn ist die hier beschriebene Maschine entgegen aller Erwartung »ein virtuoser Zukunftserzeuger, ein System, das Dinge gedanklich vorwegzunehmen vermag, nicht in immergleichen Trott verfällt, Probleme lösen kann, bevor sie auftreten, alle neuen (Vor-)Boten von Gut und Schlecht vollständig erkennt.«[13]

Wir halten von dieser Analyse fest, dass es durchaus eine Annäherung an die Maschine gibt, bei der sie nicht als eine Zentrale, sondern als ein Organ mit vielfältigen und anpassungsfähigen Strukturen betrachtet wird. Eine zukunftsproduzierende Maschine, die zu einer ständig erhöhten funktionalen Differenzierung in der Lage ist, eine Maschine, die gewissermaßen durch die Beziehung zur Alterität determiniert ist. Eine Maschine, die das Ereignis gegenüber dem Gesetz bevorzugen kann. Ob es eine solche Maschine geben kann, ist hier unwichtig. Es soll nur darauf hingewiesen werden, dass diese Auffassung das Verdienst hat, laut und deutlich zu

---

12 Ebd., S. 278.

13 Ebd., S. 248, Kapitel 7, »Die Evolution des Bewußtseins«, Abschnitt: »Plastizität im menschlichen Gehirn: der Aufbau der Bühne«.

sagen, was wir zutiefst empfinden, nämlich, dass »Computer keine Maschinen sind, die bloß Zahlen verarbeiten«,[14] was wir jeden Tag erleben, und dass Plastizität vielleicht nur die ereignishafte Dimension des Maschinellen bezeichnet.

Die Gleichsetzung von Gehirn und Welt

Aber, wie schon gesagt, die Klischees von der Zentrale, von der deterministischen Programmierung und von der blinden Mechanik leben hartnäckig fort. Wir betrachten das Gehirn weiterhin als eine zentralisierte, starre und mechanische Organisation, so wie wir die Mechanik selber für ein Gehirn halten, das auf Rechenarbeit reduziert ist. Vielleicht deshalb, wie auch schon gesagt, weil die Plastizität genau die Form unserer Welt ist und weil wir derartig in ihr versunken sind und durch sie konstituiert werden, dass wir sie wahrnehmen, ohne sie zu denken oder ein Bewusstsein von ihr zu haben. Und zwar in einem Maße, dass wir nicht mehr sehen, dass sie unser Leben strukturiert und ein bestimmtes Gesicht der Macht zeichnet. Hier stößt man wieder auf die poietische und ästhetische Kraft, die das grundlegende und ursprüngliche Attribut der Plastizität ist: ihr Vermögen zur Gestaltung der Welt. Deleuze hat dieses Vermögen analysiert, indem er in ihr die kinematographische Funktion par excellence sah. Die Plastizität des Gehirns ist das reale Bild der Welt. Bei einem Filmemacher wie zum Beispiel Alain Resnais und seinem »Kino des Gehirns« sind »die Landschaften mentale Zustände, ebenso wie

---

14 Ebd., S. 297.

die mentalen Zustände Kartographien sind«,[15] was sie als solche unerkennbar und unsichtbar macht.

Die Filme von Resnais und von Kubrick zeigen die Identität von Gehirn und Welt. Denken wir an die Noosphäre von *Je t'aime, je t'aime*, an die Strukturierungsebenen – die den Lebensformen von verschiedenen Personen entsprechen – von *Mon oncle d'Amérique* oder an den riesigen Computer in *2001, Odyssee im Weltraum*.

Die in diesen Filmen gestaltete Welt ist genau keine zentralisierte, sondern eine fragmentarische Welt, ein getreues Abbild der zerebralen Macht, deren Dynamik »nicht mittels Totalisierung vorgeht, [...] sondern mit unentwegten Neuverkettungen von Teilstücken. [...] Die organisch-kosmische Bombe aus *Providence*, die durch Transformation der Schichten entstandenen Fragmentierungen in *Je t'aime, je t'aime* lassen sich hier anführen. Der Held ist auf eine Minute seiner Vergangenheit verwiesen, doch diese wird in immer wieder anderen Sequenzen, in sukzessiven Ziehungen neu verkettet.«[16] Die Plastizität der Zeit ist in das Gehirn eingeschrieben. Und wir sehen das nicht, weil es sich um *unsere* Zeit handelt. Wir sehen das nicht, weil es sich um *unsere* Welt handelt. Wir sind zuerst vielleicht immer und zwangsläufig blind für die Funktionsweise und politische Reichweite der Gehirn-Welt (daher eine bestimmte, allgemein geteilte Ablehnung des Kinos von Resnais). Wir sind zuerst vielleicht immer und zwangsläufig blind für unser eigenes Kino.

---

15 G. Deleuze, *Das Zeit-Bild*, a.a.O., S. 266.
16 Ebd., S. 274.

»Das Gehirn entspricht der modernen Welt«, sagt Deleuze.[17] Vielleicht ist es eben diese Entsprechung, die blind macht, wenn sie die Auswirkungen der Naturalisierung des Politischen und des Gesellschaftlichen durch das Neuronale und die politischen und gesellschaftlichen Auswirkungen von Beschreibungen der neuronalen Funktionen erklärt und rechtfertigt. Erinnern wir daran, dass der offensichtlichste Verbindungspunkt zwischen den beiden Bereichen die Krise der Zentralität ist. Wenn wir diese Krise alltäglich erleben, ohne sie wirklich denken zu können, wenn wir weiterhin an eine bestimmte Effektivität der Zentrale (Gehirn, Maschine…) glauben, dann liegt das vielleicht daran, dass die Macht – die schon seit langer Zeit nicht mehr zentral ist, wie Foucault uns zu erklären sich bemühte – jedes Interesse daran hat, dass wir uns das so vorstellen. Man muss es klipp und klar sagen: Der Schleier, der uns von unserem Gehirn trennt, ist ein ideologischer Schleier. Unter »Schleier« verstehen wir sowohl die Klischee-Vorstellungen, die wir soeben betrachtet haben, als auch den – scheinbar – »edleren« Widerstand, den die meisten Philosophen, Psychoanalytiker und ganz allgemein die Intellektuellen gegen die Neurowissenschaften und insbesondere gegen die kognitiven Wissenschaften leisten. Unter »Schleier« verstehen wir aber auch die wissenschaftlichen Beschreibungen selber, die zwar vorgeben, den Schleier zu lüften, ihn aber in Wirklichkeit nur verstärken, indem sie keinerlei kritische Analyse der Weltanschauung liefern, die sie implizit weitertragen.

17 Vgl. ebd., Fußnote, S. 410, Anm. 21.

Der neuronale Mensch und der Geist des Kapitalismus

Welche Weltanschauung? Welche Welt? Diese Welt ist die Welt des Neoliberalismus, die Welt des globalen Kapitalismus. Die Infragestellung der Zentralität – der wichtigste Verbindungspunkt zwischen dem Neuronalen und dem Politischen – ist auch der wichtigste Verbindungspunkt zwischen den neurowissenschaftlichen Diskursen und den Diskursen des Managements, zwischen der Funktionsweise des Gehirns und der Funktionsweise des Unternehmens.

Es genügt nicht, darauf hinzuweisen, dass das Gehirn weder eine unbewegliche Struktur noch eine zentralisierte Maschine ist, um es der drohenden Entfremdung zu entziehen. Die neoliberale Ideologie beruht heute selber auf einer Neuverteilung von Zentren und auf einer beträchtlichen Lockerung von Hierarchien. Entsprechend einem Paradox, das nur allzu sichtbar ist, passen Herrschaft und Krise der Zentralität bestens zusammen. Die Umgestaltung des Kapitalismus (des postfordistischen Kapitalismus der zweiten industriellen Wende) wurde im wesentlichen um den Preis einer Substitution der Planung, die von einer zentralisierten formalen Autorität innerhalb des Unternehmens beschlossen und überwacht wurde, durch eine Kontrolle durch Selbstorganisation vorgenommen. In den 1990er Jahren schrieben Luc Boltanski und Ève Chiapello: »In der neuen Welt ist alles möglich, weil Kreativität, Reaktivität und Flexibilität als neue Schlagwörter gelten«, »das bürokratische Gefängnis wird gesprengt«.[18] Oder auch: »Das Hierarchieprinzip gerät in die Defensive. Die Organisationen werden flexibel, innovativ und hochgradig kompetent.«[19] Das Schlüsselwort dieser neuen Organisation ist das Netz: der heutige Kapitalismus gehorcht dem Prinzip von mobilen oder »schlanken« Unternehmen (*lean production*), »die mit einer Vielzahl an Beteiligten vernetzt arbeiten, eine Arbeitsorganisation in Team- bzw. Projektform«.[20] In solchen Unternehmen wird lediglich »die Zahl, die Art und die Richtung der Verbindungslinien« berücksichtigt.[21]

Wie kann man diese Ähnlichkeit der Funktionsweisen von ökonomischer und neuronaler Organisation nicht zur Kenntnis nehmen? Wie kann man sich keine Gedanken über die Parallelität machen, die es zwischen der Umwandlung des Geistes des Kapitalismus (zwischen den 1960er und 1990er Jahren) und der Modifikation gibt, die fast zeitgleich bei der Betrachtung von zerebralen Strukturen stattgefunden hat? Wir haben zu Anfang auf den Naturalisierungseffekt des Sozialen hingewiesen, der dem neuronalen Funktionieren zugeschrieben wird. Boltanski und Chiapello bestätigen: »In allen Epochen verdichten sich die kapitalistischen Produktionsformen gedanklich und ideell, indem sie Konzepte und Instrumente mobilisieren, die ursprünglich weitgehend unabhängig davon in der Theorie oder dem Bereich der wissenschaftlichen Grund-

---

18 L. Boltanski und È. Chiapello, *Der neue Geist des Kapitalismus*, a.a.O., S. 134.
19 Ebd., S. 114.
20 Ebd., S. 112.
21 Ebd., S. 202.

lagenforschung – gegenwärtig Neurologie und Informatik – erprobt wurden. In der Vergangenheit galt dies beispielsweise für Begriffe wie System, Struktur, Technostruktur, Energie, Entropie, Evolution, Dynamik und exponentielles Wachstum.«[22] Wie die neuronale Kohäsion gehört die ökonomische und soziale Organisation des Unternehmens heute nicht zum zentralen oder zentralisierenden Typus, sondern beruht auf einer Pluralität von mobilen und punktuellen Zentren – sie entfaltet sich in netzartiger Weise. In diesem Sinne hat es tatsächlich den Anschein, als ob das neuronale Funktionieren noch mehr zur Natur des Sozialen als nur zu seinem Naturalisierungswerkzeug geworden wäre.

Man muss sich mit dieser natürlichen Identität befassen, indem man sich mit den Begriffen Netz, Delokalisierung und Anpassungsfähigkeit beschäftigt und indem man beobachtet, wie sie in beiden Bereichen – im zerebralen und im sozio-ökonomischen – wirksam sind.

Die Netze

Die zerebrale Organisation setzt die Verbindung von Neuronen in Netzen voraus, die man auch als »Populationen« oder »Verbände« bezeichnet. In einem Netz kann es per definitionem keine Vormachtstellung geben. Der Zugang zu einem Netz ist zwangsläufig lokal, niemals zentralisiert oder zentralisierend. »Innerhalb des Gehirns«, schreibt Changeux, »wird der formale Begriff des Programms durch die vollständige Be-

---

22 Ebd., S. 148.

schreibung von Eigenschaften, Elementen, einer Geometrie und eines Kommunikationsnetzes ersetzt.«[23] So erfordert zum Beispiel die Bildung dessen, was man als »geistiges Objekt« – Bild oder Konzept – bezeichnet, »die wechselseitige und vorübergehende (sowohl elektrische wie chemische) Aktivierung einer großen Population, eines ›Verbunds‹ von Neuronen, die über mehrere genau lokalisierte Rindenfelder verteilt sind.«[24] Es gibt nicht nur *ein* Zentrum, sondern punktuelle Neuronenverbände, die jeweils mobile und momentane Zentren bilden. Organisatorische Geschmeidigkeit geht nunmehr Hand in Hand mit Autorität und Entscheidung.

Andererseits ist bekannt, dass dieselben Gehirnzonen zugleich mehreren Funktionen dienen und nacheinander Bestandteil von verschiedenen funktionalen Netzen sein können. Anders gesagt, eine gegebene Gehirnzone hat keine einmalige Funktion: das ist der Fall bei den sogenannten »assoziativen« Bereichen des Kortex. Diese multifunktionalen Areale werden bei vielen kognitiven Aufgaben aktiviert und jedesmal zum Teil eines anderen zerebralen Netzes. Man hat es also mit einer komplexen Organisation zu tun, die nicht mehr aus einem Verhältnis von oben und unten und zwischen Informationsübertragung, -annahme und -rückübertragung hervorgeht, sondern die auf verschiedenen Steuerungsebenen funktioniert, die äußerst komplex und miteinander verflochten sind. Man kann also nicht nur einer von ihnen eine leitende Funktion zuschreiben: »Der Begriff der Lokalisierung und der kartographi-

---

23 J.-P. Changeux, *Der neuronale Mensch*, a.a.O., S. 244.
24 Ebd., S. 179.

schen Organisation des Gehirns muss aufgrund der Existenz von überreichlich vorhandenen Verbindungen zwischen den Gehirnbereichen, wie sie von der Histologie definiert wurden, neu bestimmt werden.«[25] Das Phänomen der Verstärkung von Kreisläufen, das oben beschrieben wurde, weist deutlich darauf hin, dass das Nervensystem nach multiplen, miteinander verbundenen funktionalen Räumen organisiert ist, die ständig in Bewegung sind und sich jederzeit modifizieren können.

Offensichtlich unter Bezugnahme auf diesen Funktions-Typus lobpreist die heutige Managerliteratur die Arbeit in »flexiblen, neuronalen«[26] Teams. Und daher behauptet sie: Der Manager »ist kein Vorgesetzter, sondern eine Integrationsfigur, ein Impulsgeber, ein Lebens-, Sinn und Autonomiestifter.«[27] Das Team vertraut ihm, »insofern er sich als Vernetzer, als ein Teamspieler erweist, der die Netzinformationen bzw. -kontakte nicht für sich behält, sondern unter den Mitgliedern eines Teams weitergibt.

›Der Manager der Zukunft muss darauf achten, dass die Information allgemein zugänglich ist, dass sie im Unternehmen frei zirkuliert.‹«[28] Wenn es auch richtig ist, dass der »Chef« schon immer mit einem »Gehirn« verglichen wurde, so ist leicht zu erkennen, dass der neuronale Manager einen anderen Führungs- und Befehlsstil hat als der zerebrale Unternehmensleiter. Im äußersten Fall kann der Chef – zumindest dem

---

25 M. Jeannerod, *Le cerveau intime*, a.a.O., S. 33.

26 L. Boltanski und È. Chiapello, *Der neue Geist des Kapitalismus*, a.a.O., S. 161.

27 Ebd.

28 Ebd.

Anschein nach – darauf verzichten, zu befehlen: prinzipiell gesehen, »braucht der *leader* nicht zu befehlen«, da das Personal »selbstorganisiert« und »selbstkontrolliert« arbeitet.[29] Er übermittelt, verteilt und modifiziert die Verbindungen, indem er sie je nach den Umständen und Bedürfnissen verstärkt oder abschwächt, ohne selber mit einem festen Posten identifiziert oder einem solchen zugeordnet werden zu können. »Der Manager fühlt sich im Netz zu Hause. Als Grundqualitäten besitzt er seine Mobilität und seine Beweglichkeit [...].«[30] Die Abschaffung der Zentralität geht Hand in Hand mit der Fähigkeit, sich delokalisieren zu können.

Die Delokalisierung

Wie wir sehen, ermöglichen die Verbindungen zwischen den verschiedenen Bereichen des Gehirns eine gewisse Delokalisierung (Verlagerung) von zerebralen Aktivitäten. Es hat in der Tat den Anschein, als ob die von den Anatomen und Neurologen beschriebenen Lokalisierungen nicht mehr das sind, was sie einmal waren: sie bilden keine unbewegliche Topographie mehr, sondern befinden sich in Netzen, die sich je nach der kognitiven Aufgabe, mit der das Subjekt beschäftigt ist, bilden oder auflösen.[31] Durch die neuen Methoden

---

29 Man muss darauf hinweisen, dass in den 1990er Jahren die Vokabel »Führungskraft« durch »Manager« ersetzt wurde.

30 L. Boltanski und È. Chiapello, *Der neue Geist des Kapitalismus*, a.a.O., S. 119.

31 »Die Fortschritte der Neurobiologie haben zu einer Umwälzung der Begriffe geführt und bestätigen, dass die Neuronen nicht spezialisiert sind«, schreibt Jean-Yves Nau in einem Artikel mit dem Titel »Les neurosciences découvrent les sources du plaisir sensoriel«, in *Le Monde*, 31. Dezember 2003, S. 17.

des Neuro-Imaging können die Bereiche des Gehirns sichtbar gemacht werden, die an der Ausführung dieser kognitiven Aufgaben beteiligt sind. Sämtliche Bereiche, die mit einer solchen Aufgabe zu tun haben (die klassischen zerebralen Lokalisierungen), nehmen die Form eines vorübergehenden Aktivierungsnetzes an, das gewissermaßen durch die zu erfüllende Aufgabe und durch den Kontext, in dem sie ausgeführt wird, rekrutiert wird. Die Ausführung einer anderen Aufgabe wird dem Netz eine andere Gestalt geben, bei der sich einige der vorherigen Lokalisierungen auf andere Weise verbunden wiederfinden werden. Dieselbe Region kann zur Ausführung unterschiedlicher Funktionen beitragen.[32] Wie Changeux sagt, zeichnet sich das geistige Objekt dadurch aus, »dass seine Organisation zugleich ortsgebunden und ortsungebunden ist.«[33] Die Neuronenverbände haben als erste Eigenschaft ihre Mobilität und ihre Multifunktionalität.

Sind das nicht auch die Eigenschaften, die man heute in der Arbeitswelt vom Individuum erwartet? Müssen wir heute nicht vielseitig einsetzbar sein und das Gesetz der Delokalisierung akzeptieren, indem wir uns verfügbar machen und uns, ohne zu zögern, bereit zeigen, mit alten Verbindungen zu brechen, um neue zu schaffen? Im Unternehmen, schreiben Boltanski und Chiapello, »gilt als wertvoller Mitarbeiter, wer es versteht, mit grundverschiedenen Menschen zusammenzuarbeiten, wer bei einem Projektwechsel offen und flexibel auftritt und wer

---

32 Vgl. M. Jeannerod, *La nature de l'esprit*, a.a.O., S. 94-95.
33 J.-P. Changeux, *Der neuronale Mensch*, a.a.O., S. 183.

sich mit Erfolg unablässig neuen Gegebenheiten anpasst.«[34] Der Schwerpunkt wird heute eindeutig mehr auf vielseitige Verwendbarkeit gelegt als auf den eigentlichen Beruf, auf die Vervielfältigung von vorübergehenden Begegnungen und Verbindungen, die potentiell reaktivierbar sind, und auf die Zugehörigkeit zu verschiedenen Gruppen. Der Kapitalismus bezieht sich offensichtlich – implizit und explizit – auf das neuronale Funktionieren, wenn er beabsichtigt, »die essentialistischen Ontologien durch offene Räume ohne Grenzen, Zentren oder Fixpunkte zu ersetzen. Hier werden die Einheiten durch ein Beziehungsgeflecht konstituiert, in das sie eingebunden sind und in dem sie sich dank der in diesem Raum relevanten Ereignisse, d.h. der Ströme, Bewegungen, Austauschbeziehungen, Umkehrungen und Verschiebungen verändern.«[35] Und das in einem Maße, dass die Verankerungen in einem Raum oder in einer Region, die Anhänglichkeit an die Familie, an einen Spezialisierungsbereich oder allzu große Treue schon an sich als inkompatibel mit dem erscheinen, was man heute als »employability« (Einsetzbarkeit, Einstellbarkeit) bezeichnet. Man muss immer auf dem Sprung sein, um überleben zu können, das heißt um sich halten zu können.[36]

Anpassungsfähigkeit

Wer »employability« sagt, meint offensichtlich Anpassungsfähigkeit. »Employability« ist ein Begriff des Neomanagements,

---

34 L. Boltanski und È. Chiapello, Der neue Geist des Kapitalismus, a.a.O., S. 136.

35 Ebd., S. 196.

36 Siehe ebd., S. 404ff.: »Konkrete Ausbeutungsformen der Mobilität«.

der »die Fähigkeit, auf eine sich verändernde Welt reagieren zu können«, beschreibt, und zwar durch einen geschmeidigen Einsatz seiner Kompetenzen, der voraussetzt, dass man sich nicht auf ein einziges Know-how konzentriert, so wie ein kortikaler Bereich nicht nur eine einzige Funktion erfüllen kann. Der Arbeiter »klammert sich nicht an einen Beruf oder eine Qualifikation, sondern zeigt sich anpassungsfähig, flexibel. Er ist jemand, der zu einer völlig andersartigen Situation überwechseln kann und sich dort zurechtfindet. Er ist polyvalent, wechselt problemlos seinen Tätigkeitsbereich bzw. seine Instrumente je nach Art der Beziehungen, die er mit anderen Personen oder mit Objekten unterhält.«[37] Es geht also darum, sich nicht auf eine Spezialität zu beschränken, sondern eine spezifische Kompetenz anzubieten.

»Employability« ist synonym mit Flexibilität. Erinnern wir uns daran, dass Flexibilität – die Parole der Unternehmen seit den 1970er Jahren – in erster Linie die Möglichkeit bedeutet, den Produktionsapparat und die Arbeitnehmer unverzüglich an die Entwicklung der Nachfrage anzupassen. Sie wird somit gleichzeitig zu einer notwendigen Eigenschaft der Manager und der Beschäftigten. Wenn wir hier auf der Nähe zwischen bestimmten Management-Diskursen und bestimmten neurowissenschaftlichen Diskursen bestehen, dann deshalb, weil wir wiederum den Eindruck haben, dass das Phänomen der sogenannten »zerebralen Plastizität« in Wirklichkeit am häufigsten in den Begriffen einer Ökonomie der Flexibilität

---

37 Ebd., S. 158.

beschrieben wird. Der Verstärkungsprozess, der die Grundlage der Plastizität selber ist, wird oft einfach als Möglichkeit, die Leistungsfähigkeit zu steigern oder zu verringern, präsentiert. Das Gehirn wird sehr oft als ein persönliches Kapital analysiert, das aus einer Summe von Kompetenzen besteht, die jeder »so gut wie möglich verwalten« muss, als »Fähigkeit, seine eigene Person wie einen Text zu behandeln, den man in verschiedene Sprachen übersetzt.«[38] Geschmeidigkeit, die Fähigkeit, Gewohnheiten zu ändern, und Fügsamkeit scheinen sich also zu vermischen, um eine einheitliche strukturelle Norm zu bilden, die zugleich als ein Ausschließungsfaktor dient.

Soziale »Entkoppelung« und Depression: Die neuen Formen der Ausgrenzung

Wer nicht flexibel ist, muss verschwinden. In *Das erschöpfte Selbst*, einem Buch über Depression und neue Psychiatrie, zeigt der Soziologe Alain Ehrenberg, dass die Grenze, die psychisches Leid vom sozialen Leid trennt, äußerst dünn ist. Depression ist immer nur eine Form dessen, was ein anderer Soziologe, Robert Castel, als »Entkoppelung« bezeichnet. In beiden Fällen geht es zumeist um ein Leiden an der Ausgrenzung, welches sich in ebenso viele Erkrankungen durch die Flexibilität übersetzen lässt. Der Depressive leidet wie ein

—

38 Ebd., S. 500.

Individuum, das gesellschaftlich gescheitert ist, offensichtlich an einem Defizit an »employability« und an Anpassungsfähigkeit. Die Koinzidenz zwischen dem heutigen psychiatrischen Diskurs, der sich durch eine klare Tendenz zur »Biologisierung« psychischer oder mentaler Beschwerden kennzeichnen lässt, und dem politischen Diskurs über die Ausschließung, der die Abgekoppelten wiederum als Individuen präsentiert, bei denen »die Verbindung unterbrochen ist«, ist verblüffend. Bevor man zur notwendigen Unterscheidung kommt, die zwischen einer schlichtweg flexiblen Identität und einer wirklich plastischen Identität herausgearbeitet werden muss (eine Unterscheidung, die auf einer bestimmten Transformationstheorie beruht), muss man sich einen Moment mit der Frage dieses Leids beschäftigen, bei der Psychiater, Neurobiologen und Politiker alle dasselbe empfehlen: das Neuronale (das »Netz«) modifizieren, um das Selbstgefühl anders zu konfigurieren; die Verbindungen vermehren, um die mentale oder verhaltensmäßige »Plastizität« wiederherzustellen.

»Das strukturale und funktionale Gehirn-Imaging hat, wie man einer medizinischen Broschüre lesen kann, [...] gezeigt, dass die depressiven Phasen in bestimmten Gehirnzonen von anatomisch-funktionalen Korrelaten begleitet wurden, und zwar insbesondere auf der Ebene von Netzen, die den präfrontalen Kortex, den Hippocampus und die Amygdala umfassen. Davon ausgehend konnte man Anzeichen von hippocampischer Atrophie ausmachen, die bei wiederholten Depressionen, aber auch beim posttraumatischen Stress-Syndrom mit einer Hyperaktivität der kortikotropen Achse verbunden war. Diese Feststellungen haben zur Hypothese einer

Neurotoxizität der Angst- und Depressionsphasen geführt. Die neurologische Untersuchung von zerebralen Strukturen hat übrigens gezeigt, dass es neuronale, axonale und dendritische Anzeichen von neuronaler Atrophie mit einer Abschwächung von synaptischen Verbindungen und des Nervengewebes gab.«[39] Es ist somit klar, dass die Depression und psychisches Leiden im allgemeinen mit einer Abschwächung von neuronalen Verbindungen einhergehen (als ob der Begriff der Langzeit-Abschwächung eine buchstäbliche Bedeutung bekommen würde…). Eine Abschwächung, die sehr oft einer Hemmung entspricht.

Der Depressive ist tatsächlich häufig »apathisch«: »Zurückhaltung, Erstarrung, Bremsen und Aussetzen des Handelns«[40] charakterisieren ihn. »Die psychischen Störungen haben nichts mehr mit den Problemen einer Person zu tun, sondern mit einer Krankheit, die einen Kranken befällt, der nicht länger als ein Handelnder betrachtet wird.«[41] Diese Neudefinition des Kranken, der sowohl auf kognitiver Ebene als auch auf emotionaler und willentlicher Ebene seiner Handlungsmöglichkeiten beraubt ist, entspricht der Biologisierung oder »Rebiologisierung« der Beschwerden, von denen eben die Rede

---

39 Jean-François Allilaire, Professor für Psychiatrie, Universität Paris-VI, CHU Pitié-Salpêtrière, Ankündigung der Konferenz »Dépression et neuroplasticité: évolution ou révolution?«, Kolloquium PSY-SNC, Cité des sciences et de l'industrie, Paris, 5.-8. November 2003.

40 Alain Ehrenberg, *Das erschöpfte Selbst: Depression und Gesellschaft in der Gegenwart*, übers. von Manuela Lenzen u. Martin Klaus, Frankfurt a. M. 2004, S. 204. Auch das entgegengesetzte Verhalten, die »Hyperimpulsivität« entspricht entgegen allem Anschein nach demselben Phänomen der Unterbrechung der Verbindung (Dekonnexion).

41 Ebd., S. 208.

war. In einer solchen Perspektive besteht die Therapie zunächst darin, die Mechanismen zu analysieren, die die Informationsübertragung in den neuronalen Systemen blockieren. Die Antidepressiva haben in ihrer großen Diversität allesamt die Aufgabe, die neurochemische Übertragung zu stimulieren, und zwar mit dem expliziten Ziel, »die plastischen Fähigkeiten des Gehirns wiederherzustellen und zu schützen«.[42] Aber Plastizität darf nicht mit dem Handlungsvermögen verwechselt werden.

Noch einmal, es geht hier keineswegs darum, einen psychiatrischen Reduktionismus im Namen einer angeblichen »Freiheit« der Psyche zu kritisieren. Die neurologische Grundlage der Depression zu leugnen, die therapeutische Wirkungskraft bestimmter Moleküle zu leugnen, wäre absurd und überheblich. Die Neuropsychiatrie ist heute unbestreitbar eine der vielversprechendsten Disziplinen. Es geht also nicht darum, die Erhabenheit der »klassischen« Psychoanalyse gegen die Niederungen der Psychiatrie auszuspielen, sondern zu sehen, wie eine bestimmte Auffassung von Flexibilität – die paradoxerweise von der wissenschaftlichen Analyse der neuronalen Plastizität weitergetragen wird – das Leiden zum Modell erhebt und eine Gleichsetzung von psychischem Elend und gesellschaftlichem Elend ermöglicht.

Die beiden Typen von Beschwerden tendieren heute also dahin, sich zu vermischen. Man muss endlich begreifen, dass »das Unternehmen zum Vorzimmer der nervösen Depression

---

42 J.-F. Allilaire, a.a.O.

geworden ist«.[43] Das Fehlen von Zentralität und Hierarchie, das wir oben beschrieben haben, die Abwesenheit eines klaren und lokalisierten Konflikts und die Notwendigkeit, mobil und anpassungsfähig zu sein, sind neue Faktoren der inneren Unruhe, neue psychosomatische Symptome und neue Ursachen von ernsten Neurasthenien. »In den Unternehmen weichen die disziplinarischen Modelle des Personalmanagements nach Taylor und Ford zugunsten von Normen, die autonomes Verhalten der Arbeiter und Angestellten fordern. [...] Die neuen Modelle zur Regulation und Beherrschung der Arbeitskraft beruhen weniger auf mechanischem Gehorsam als auf Initiative: Verantwortung, die Fähigkeit, Projekte zu entwickeln, Motivation, Flexibilität [...]. Das Bild des idealen Arbeiters ist nicht mehr das des Maschinenmenschen für repetitive Arbeit, sondern der flexible Unternehmer.«[44] Der Depressive ist also ein Kranker, der diese Auffassung vom »wechselnden Bahnen folgenden Individuum«, dessen Existenz selber als ein Unternehmen oder eine Reihe von Projekten verstanden wird, nicht erträgt.

»Welchen Bereich man sich auch ansieht (Unternehmen, Schule, Familie), die Welt hat neue Regeln. Es geht nicht mehr um Gehorsam, Disziplin und Konformität mit der Moral, sondern um Flexibilität, Veränderung, schnelle Reaktion und dergleichen. Selbstbeherrschung, psychische und affektive Flexibilität, Handlungsfähigkeit: Jeder muß sich beständig an

---

43 A. Ehrenberg, *Das erschöpfte Selbst*, a.a.O., S. 221.
44 Ebd., S. 220-221.

eine neue Welt anpassen, die eben ihre Beständigkeit verliert, an eine instabile, provisorische Welt mit hin und her verlaufenden Strömungen und Bahnen. Die Klarheit des sozialen und politischen Spiels hat sich verloren. Diese institutionellen Transformationen vermitteln den Eindruck, daß jeder, auch der Einfachste und Zerbrechlichste, die Aufgabe, *alles zu wählen* und *alles zu entscheiden*, auf sich nehmen muß.«[45] Eine solche Situation schafft sicherlich eine besondere Verwundbarkeit, eine neue Unsicherheit und eine neue Fragilität. Die Schwierigkeit, die Erfahrung des Konflikts zu machen, leert die Psyche und ersetzt die Neurose in der Tat durch ein »erschöpftes Selbst«.

Robert Castel verweist auf »die offenkundig immer hartnäckigere Präsenz von Individuen, die gleichsam in einem Zustand der Haltlosigkeit innerhalb der Sozialstruktur treiben und deren Zwischenräume bevölkern, ohne dass sie aber einen fest angestammten Platz finden können. Schemen mit verschwommenen Umrissen in den Randzonen der Arbeit und im Grenzbereich der gesellschaftlich geregelten Formen des Austausches: Langzeitarbeitslose, Bewohner der heruntergekommenen Vorstädte, Empfänger des *Revenu minimum d'insertion* [RMI: Mindesteinkommen zur Eingliederung], Opfer des industriellen Strukturwandels, arbeitssuchende Jugendliche, die sich von Praktikum zu Praktikum, von einem Nebenjob zur nächsten provisorischen Tätigkeit hangeln... Wer sind

---

45 Ebd., S. 222.

sie, woher kommen sie, wie sind sie dahin gekommen, was wird aus ihnen?«[46]

Dieses Vokabular des Flottierens, des Platzmangels und des Umherirrens erinnert an das der Depression, der Hemmung oder der Angst. Die Formulierung »soziale Frage« im Titel des Buches *Die Metamorphosen der sozialen Frage* bezieht sich auf »die Beunruhigung angesichts der schwindenden Fähigkeit zur Aufrechterhaltung der Kohäsion einer Gesellschaft«.[47] Wie sollte man nicht denken, dass es damit verbunden eine psychiatrische Frage gibt, die denselben Inhalt hat und die auch ein Zeugnis (und vielleicht ausschließlich ein Zeugnis) für eine Sorge um den sozialen Zusammenhalt ist? Wie sollte man nicht denken, dass die depressiven oder ausgegrenzten Individuen Bedrohungen der Turbulenz oder des Bruches bei der Transmission in die Flüssigkeit des Netzes darstellen? »In einer vernetzten Welt, in der ein hoher Wertigkeitsstatus *[la grandeur]* Beweglichkeit voraussetzt, beziehen die hohen Wertigkeitsträger *[les grands]* einen Teil ihrer Stärke aus der Immobilität der geringen Wertigkeitsträger *[les petits]*, deren Elend gerade auf die Immobilität zurückzuführen ist. [...] Jeder lebt also mit der ständigen Angst, seine Kontakte zu verlieren, ins Abseits gedrängt oder von den mobileren Akteuren fallen gelassen zu werden.«[48] Eben diese Angst schafft Unsicherheit, das heißt »eine immer drastischere Kontakt-

---

46 Robert Castel, *Die Metamorphosen der sozialen Frage: eine Chronik der Lohnarbeit*, übers. von Andreas Pfeuffer, Konstanz 2000, S. 12-13.

47 Ebd., S. 27.

48 L. Boltanski und È. Chiapello, *Der neue Geist des Kapitalismus*, a.a.O., S. 401-402.

verarmung und eine wachsende Unfähigkeit, nicht nur neue Kontakte herzustellen, sondern sogar die bestehenden Beziehungen aufrechtzuerhalten: Man verliert seine Freunde, kappt das Band zur Familie, läßt sich scheiden, verfällt in politische Apathie.«[49] Dieses Fehlen einer Bindung und diese drohende Abgeschnittenheit erscheinen als Bedrohungen, die man um jeden Preis bannen oder eindämmen muss, um den Zusammenhalt der Gemeinschaft zu erhalten.

»Pflegen« bedeutet auch, wieder einzugliedern, die Flexibilität wiederherzustellen. Als das Antidepressivum Fluctin (Prozac) auf den Markt kam, wurde es als »Aufheiterer« und »Handlungserleichterer« präsentiert. In seinem Buch Glück auf Rezept: der unheimliche Erfolg der Glückspille Fluctin[50] stellt Peter Kramer eine kritische Reflexion über den Typus von *self* an, den der »heutige hochtechnisierte Kapitalismus« als seine Bedingung der Möglichkeit braucht: »Selbstvertrauen, Flexibilität, Schnelligkeit und Energie [...] sind die bevorzugten Werte.«[51] Es ist klar, dass Fluctin es ermöglicht, diese Werte mit geringen Kosten zu erreichen, und zwar nicht nur, weil das Medikament nicht teuer ist, sondern auch weil es ermöglicht, psychische Kosten für den Erwerb dieser Werte zu vermeiden. Es scheint also allgemein anerkannt zu sein, dass die Stimmungsaufheller oder »Thymoleptika« die Aufgabe haben, die Verletzbarkeit, das Chronischwerden der Unruhe und die psychische Labilisierung zu reduzieren, wobei die neuronalen

49 Ebd., S. 403.

50 Peter D. Kramer, *Glück auf Rezept: der unheimliche Erfolg der Glückspille Fluctin*, übers. von Rosemarie Altmann, München 1995.

51 Ebd., S. 320.

Netze angesteuert werden, die mit Initiative, Stimulierung, Dynamik und Wohlbefinden zu tun haben. Die Medikamente sollen die Lust auf Mobilität wiedergeben und die Fähigkeit, sich von identitätsmäßiger Unbeweglichkeit und Starrheit zu befreien.

Wir meinen also, dass es im Moment nicht möglich ist, auf ideologischer Ebene klar und deutlich zwischen den neurowissenschaftlichen Analysen, die dem »allgemeinen« Publikum zugänglich sind, und der Managerliteratur (einschließlich der Literatur zum Medizinmanagement) zu unterscheiden. Man braucht nur an die Beschreibung von Alzheimer-Kranken zu denken, um sich davon zu überzeugen. Der Alzheimer-Kranke ist die Kontrastfigur der vernetzten Gesellschaft, das Gegenmodell zur Flexibilität. Er wird in der Tat als ein »Entkoppelter« präsentiert: umherirrend, erinnerungslos, asozial und ohne Bezugspunkte. Man beobachtet in seinem Gehirn ein Absterben der Verbindungen, eine Anhäufung von Fibrillen innerhalb der Neuronen und das Vorhandensein von senilen Plaquen, was ebenso viele Faktoren der Erstarrung[52] und des Verlustes an Geschmeidigkeit sind, welche paradoxerweise zu einem chaotischen Umherirren führen. Dieses Schwinden der Initiative durch Erstarrung ermöglicht es, die offensichtliche Strukturverwandtschaft zu erfassen, die das Bild, das man sich von einem solchen Kranken macht und weitergibt, mit den Bildern verbindet, die man sich vom Obdachlosen, vom

---

52 Man denke auch an die multiple Sklerose, wobei das Adjektiv »sklerotisch« (erstarrt, was sich nicht mehr entwickelt) das genaue Gegenteil des Adjektivs »plastisch« ist.

»sans-papiers« oder vom Arbeitslosen ohne Arbeitslosenhilfe macht... Wir meinen also, dass es im Moment nicht möglich ist, auf ideologischer Ebene klar und deutlich zwischen den neurodegenerativen Krankheiten und den meisten sozialen Behinderungen zu unterscheiden.

Wie schon gesagt, jede Betrachtung des Gehirns ist zwangsläufig politisch. Nicht die Identität der zerebralen Organisation und der ökonomisch-sozialen Organisation stellt ein Problem dar, sondern im Gegenteil das Nicht-Bewusstsein dieser Identität. Das Fortbestehen von seit langem überholten technologischen Modellen zur Vorstellung des Gehirns blockiert den Zugang zum richtigen Verständnis des zerebralen Funktionierens und rechtfertigt das Desinteresse, das wir ihm gegenüber an den Tag legen. Gerade die Vorstellungshindernisse eines starren, vom Denken abgetrennten Gehirns ermöglichen es, das Gehirn von sich selber abzutrennen, es von dem zu trennen, was es ist, nämlich der sensible und kritische biologische Ort unserer Zeit, an dem auf die eine oder andere Weise die Evolutionen und politischen Revolutionen stattfinden, die in den 1980er Jahren ausgelöst wurden und ins 21. Jahrhundert führen. Im Grunde hat es der neuronale Mensch nicht verstanden, mit sich selber zu sprechen und sich verständlich zu machen. Es ist an der Zeit, dieses Sprechen zu befreien.

Ohne das hat der neurowissenschaftliche Diskurs (abgesehen von einigen medizinischen Fortschritten) keine andere Konsequenz, als ohne sein Wissen Kriterien, Modelle und Rahmen zu schaffen, die es ermöglichen, das gesellschaftliche Funktionieren zu steuern und jeden Tag ein wenig mehr den Imperativ der Flexibilität als weltweite Norm des idealen

Laufs der Dinge geltend zu machen. Das Bewusstsein des Gehirns zu produzieren, bedeutet nicht, die Identität von Gehirn und Welt und ihr wechselseitiges Spiegelverhältnis zu unterbrechen, sondern sie umgekehrt hervorzuheben und die wissenschaftlichen Entdeckungen in den Dienst eines emanzipatorischen politischen Verständnisses zu stellen.

Einerseits ähnelt das neuronale Funktionieren, so wie es heute beschrieben wird, sehr stark einer Demokratie: gegenseitige Hilfe (Wiederherstellung), Entscheidungsfreiheit (man konstruiert gewissermaßen sein Gehirn), Schnittpunkt von Öffentlichem und Privatem (Interaktion von Innen und Außen), Zugehörigkeit zu mehreren Bereichen, Mobilität, Offenheit, Verfügbarkeit, Autonomie, keine Hierarchie unter den Bestandteilen des Netzes, Gleichberechtigung der Funktionen (während die Modelle der Telefonzentrale und des Computers dagegen weiterhin an das alte Sowjetsystem oder Huxleys *Schöne neue Welt* erinnern).

Die Fortschritte der Neurowissenschaften haben gewissermaßen die politische Emanzipation des Gehirns möglich gemacht. Andererseits produziert die wissenschaftliche Beschreibung der Plastizität (während sie sich gleichzeitig davon inspirieren lässt) eine extrem normalisierende Sichtweise der Demokratie selber, da sie dem Fehlen eines Zentrums eine allzu zentrale Rolle zuschreibt und der Flexibilität, das heißt der Fügsamkeit und dem Gehorsam, ein viel zu unveränderliches Ansehen verleiht. Das Bewusstsein des Gehirns zu produzieren, läuft also darauf hinaus, die Bedingungen der Möglichkeit einer neuen Art von Fragestellung zu schaffen: Kann die Beschreibung der zerebralen Plastizität dem sich allmählich verbreitenden Imperativ der neuen Weltordnung entgehen? Oder ist sie im Gegenteil in der Lage, in diese Ordnung so etwas wie Widerstand einzuführen? Können plastische Gehirne die Grenzen ihrer Flexibilität ermessen?

»Ihr seid eure Synapsen«[1]

Die Art und Weise, in der wir diese Fragen formulieren, mag auf den ersten Blick überraschend erscheinen. Wir haben die sichtbarsten Verbindungspunkte zwischen dem Neuronalen und dem Politischen, das heißt, kurz gesagt, zwischen dem Biologischen und dem Sozialen beschrieben. Wie wir gezeigt haben, hat der Begriff der Flexibilität – der letzten Endes ein Übergangsbegriff ist, ein Grenzgänger par excellence – zugleich die theoretischen Bedingungen der Möglichkeit dieses Übergangs verdunkelt. Daher müssen wir zum Abschluss eine Weile bei ihm verharren. Aber wie? Folgendes könnte Erstaunen auslösen: Wir werden uns jetzt dem zuwenden, was die Hauptthese der Neurowissenschaften im allgemeinen und der kognitiven Wissenschaften im besonderen ausmacht, nämlich der Gewissheit, dass es eine vollkommene Kontinuität zwischen dem Neuronalen und dem Mentalen gibt.

Der aktuelle Stand der Forschungen und Beobachtungen ermöglicht den Kognitionswissenschaftlern die Schlussfolgerung, dass Denken, Erkennen und Begierden oder Affekte allesamt aus einer neuronalen, das heißt biologischen Basis hervorgehen und dass im Gehirn mentale Bilder oder Vorstellungen geschaffen werden, die das Leben des Geistes

---

1 Diese Formulierung stammt von dem amerikanischen Neurologen Joseph LeDoux in seinem Buch *Synaptic Self*, New York 2002. Die Hauptbotschaft dieses Buches lautet: *You are your synapses* (S. 324).

ausmachen. Diese Hauptthese ist die Grundlage aller »Reduktionismen« (das heißt der Anpassung des Geistes an eine natürliche Gegebenheit) und zugleich der stärkste und der schwächste Punkt des neurowissenschaftlichen Diskurses im allgemeinen. Der stärkste Punkt, weil diese These – auch wenn das manchmal schockierend wirkt – unbestreitbar und ganz gleich, was man davon hält, der Ausdruck eines realen Fortschritts ist: Sie hat es ermöglicht, sich in immer genauerer oder objektiverer Weise mit Phänomenen wie Erinnerung, Wahrnehmung, Lernen oder auch psychischen oder verhaltensmäßigen Störungen zu beschäftigen. Schließlich und in noch allgemeinerer Weise ist sie eine neue Annäherung an das Subjekt, indem sie die Existenz eines »neuronalen Selbst« bestätigt. Der schwächste Punkt, weil die Gewissheit der Kontinuität zwischen dem Neuronalen und dem Mentalen offensichtlich kein streng wissenschaftliches Postulat sein kann. Sie ist zwangsläufig eine philosophische und epistemologische Position. Und solche Positionen sind nicht immer klar auszumachen. Wir versuchen, die Voraussetzungen, die mit dieser Kontinuität verbunden sind, nicht deshalb in Frage zu stellen, um sie an sich zu bestreiten, sondern um zu zeigen, dass ihre Entwicklung und ihre Funktionsweise genau genommen diskontinuierlich sind und dass es sich, anders gesagt, um eine komplexe Kontinuität handelt.

Man wird uns logischerweise fragen, worin die Beziehung zwischen einer solchen Untersuchung und den oben aufgeworfenen politischen, gesellschaftlichen und ökonomischen Fragen besteht. Die Antwort lautet: Den Übergang vom Neuronalen zum Mentalen zu hinterfragen, läuft bereits darauf hinaus, schon innerhalb der zerebralen Funktionen den Übergang vom Biologischen zum Kulturellen, von der streng natürlichen Basis des Geistes zu seiner geschichtlichen – und somit zwangsläufig auch politischen und gesellschaftlichen – Dimension zu hinterfragen. Die Frage des Übergangs vom Neuronalen zum Politischen im Bereich des Neuronalen selbst zu verfolgen, soll es ermöglichen (durch Zuspitzung der Fragestellung) Vermittlungen, Übergänge oder sogar theoretische Löcher zum Vorschein zu bringen, die den Begriff der Kontinuität selber und dadurch auch den der Flexibilität ins Wanken bringen könnten. Dadurch können wir unterscheiden, was diese neue Definition des »Selbst« an wirklich Befreiendem enthält und was in ihr weiterhin eine unterdrückerische Macht bleibt. Diese »Abwägung« wird zur Gelegenheit einer kritischen Konfrontation von Flexibilität und Plastizität.

Das »synaptische Selbst« oder »Proto-Selbst«

Beginnen wir mit der Auffassung vom Subjekt oder vom »Selbst«, die heute als Grundlage der neurowissenschaftlichen Diskurse dient. Wir sagen absichtlich immer wieder »Wir« – und sei es auch nur, um die Frage »Was tun mit unserem Gehirn?« stellen zu können. Aber wer ist nun dieses »Wir« und welche Beziehung hat das »Wir« beziehungsweise allein schon die Möglichkeit, »Wir« sagen zu können, zum Gehirn?

Für die meisten heutigen Neurobiologen ist klar, dass das Gehirn kein einfaches »Organ« ist, sondern der grundlegende organische Zusammenhang und die organische Kohärenz unserer

Persönlichkeit, unseres »Wir« – eine Überlegung, die darauf hinausläuft, die Grenze zwischen dem Nervensystem und der Psyche aufzuheben. Große Neurologen wie Antonio Damasio und Joseph LeDoux bestätigen heute eindeutig: Das Bewusstsein ist immer nur die Art und Weise, in der »der Besitzer des [zerebralen] Films in dem Film in Erscheinung tritt«,[2] und folglich ist es notwendig, das zu betrachten, »was bewirkt, dass das Wesen einer Person im Gehirn liegt«.[3] Um dieses »Wesen« zu untersuchen, werden wir der Beweisführung folgen, die LeDoux in seinem Buch *Synaptic Self* vorgelegt hat. »In den vorherigen Kapiteln«, erklärt er, »haben wir gesehen, wie die neuronalen Kreisläufe während der Entwicklung zustande gekommen sind und wie sie modifiziert werden, wenn wir lernen oder erinnern. Nun wollen wir damit beginnen, diese grundlegende Information über Kreisläufe und ihre plastischen Eigenschaften zu benutzen, um weitergehende Aspekte des mentalen Funktionierens zu erforschen, das heißt, wir wollen damit beginnen, eine neurobiologische Sicht auf das Selbst zu entwickeln.«[4]

Was ist nun also das synaptische Selbst oder das »Proto-Selbst«, wie Antonio Damasio es nennt? Warum führt uns die Untersuchung der Plastizität des Gehirns zwangsläufig dahin, von seiner Existenz auszugehen? In welchem Maße ist es möglich, eine persönliche Identität ausgehend von neuronalen Konfigurationen oder Mustern zu bestimmen und somit

---

2 Antonio R. Damasio, *Ich fühle, also bin ich: die Entschlüsselung des Bewusstseins*, übers. von Hainer Kober, München 2000, S. 375.

3 J. LeDoux, *Synaptic Self*, a.a.O., S. 14.

4 Ebd., S. 174.

in Erwägung zu ziehen, dass das Gehirn die erste und grundlegende Form der Subjektivität ist? Die Antwort auf diese Fragen scheint von grundlegender Bedeutung zu sein: »Meine Vorstellung von Persönlichkeit ist ziemlich einfach: unser ›Selbst‹ – das Wesen dessen, was man ist – reflektiert Muster der Interkonnektivität zwischen den Neuronen in unserem Gehirn. […] Angesichts der Wichtigkeit der synaptischen Transmission für das Funktionieren des Gehirns sollte es eigentlich eine Binsenweisheit sein, zu sagen, dass das Selbst synaptisch ist.«[5] Oder auch: »Das Wesen dessen, was wir sind, ist in Form von synaptischen Interaktionen in und zwischen den verschiedenen Systemen unseres Gehirns gespeichert. Je mehr wir über die synaptischen Mechanismen der Erinnerung lernen, um so mehr lernen wir über die neuronalen Grundlagen des Selbst.«[6]

Die Beobachtung der synaptischen Plastizität bringt die Wissenschaftler also dazu, die These einer neuronalen Persönlichkeit aufzustellen. Das Selbst ist eine Synthese aller plastischen Prozesse, die im Gehirn im Gange sind. Es ermöglicht, die Kartographie der oben erwähnten Netze zusammenzuhalten und zu vereinigen. »Die Tatsache, dass die Plastizität in so vielen Gehirnsystemen auftaucht,« heißt es in *Synaptic Self*, »wirft interessante Fragen auf. Wie kann eine Person mit einer kohärenten Persönlichkeit – eine einigermaßen stabile Ansammlung von Gedanken, Emotionen und Motivationen – überhaupt zustande kommen? Warum lernen die Systeme

5 Ebd., S. 2.
6 Ebd., S. 173.

nicht verschiedene Dinge und lenken unsere Gedanken, Emotionen und Motivationen nicht in verschiedene Richtungen? Was lässt sie zusammenarbeiten, anstatt wie eine gesetzlose Menge zu handeln?«[7] Es ist unbestreitbar das Selbst, das diese Ansammlung und diesen Zusammenhang ermöglicht.

Das »Proto-Selbst« *(protoself)* oder das »höhere Selbst« sind »in der Gesamtheit jener Hirnmechanismen zu finden, die fortwährend und *unbewußt* dafür sorgen, daß sich die Körperzustände in jenem schmalen Bereich relativer Stabilität bewegen, der zum Überleben erforderlich ist. Ständig repräsentieren diese Mechanismen – *unbewußt* – den Zustand des lebendigen Körpers in seinen vielen Dimensionen.«[8] Das Proto-Selbst ist somit zunächst eine Form *der organischen Repräsentation des Organismus selber*, der seine Kohärenz aufrecht erhält. »Soweit es das Gehirn angeht, wird der Organismus […] vom Proto-Selbst repräsentiert. Die entscheidenden Aspekte des Organismus […] liefert […] das Proto-Selbst: den Zustand des inneren Milieus, der Viszera, des Vestibularsystems und des Bewegungsapparats.«[9] Diese Grundlage, die sich selber darstellt, ist die Bedingung des Lebens. Ohne sie ist kein Überleben und kein Bewusstsein möglich. Die unbewussten Prozesse, die im Proto-Selbst ablaufen, sind in der Tat die Bedingungen des Bewusstseins selbst. Das Proto-Selbst »ist der unbewußte Vorläufer jener Stufen des Selbst, die in unserem Geist als bewußte Protagonisten des

7 Ebd., S. 304.
8 A. Damasio, *Ich fühle, also bin ich*, a.a.O., S. 36.
9 Ebd., S. 206.

Bewußtseins in Erscheinung treten: Kernselbst und autobiographisches Selbst.«[10] Das Proto-Selbst ist somit ein »vorbewußter biologischer Vorläufer«, von dem allein aus sich das *Selbstgefühl* (Kernselbst, »Kernbewusstsein« oder »Ich«) und die *vergängliche und geschichtliche Permanenz des Subjekts* (autobiographisches Selbst, »unveränderliche Aspekte in der Biographie eines Menschen«) entwickeln.[11]

Wie man sieht, führt der Begriff der biologischen Präzedenz direkt zu dem der Kontinuität vom Neuronalen zum Mentalen. In progressiver Weise, ohne Brüche oder Sprünge bilden sich das Kernbewusstsein und das autobiographische Bewusstsein ausgehend vom Proto-Selbst und gehen aus ihm hervor. Wie ist diese Kontinuität möglich? Das ist der interessanteste und subtilste Punkt der Analyse: durch eine Modifikation der ursprünglichen oder grundlegenden Repräsentationsfunktion, die das Werk des Proto-Selbst ist. Man muss also von Folgendem ausgehen: »*Das Proto-Selbst besteht aus einer zusammenhängenden Sammlung von neuronalen Mustern, die den physischen Zustand des Organismus in seinen vielen Dimensionen fortlaufend abbilden.*«[12] Es gibt also im Gegensatz zu dem, was Bergson sagte, eine Selbst-Repräsentation des Gehirns, eine Autorepräsentation der zerebralen Struktur, die mit der Autorepräsentation des Organismus koinzidiert. Dieses Vermögen der inneren Repräsentation, das der neuronalen Aktivität inhärent ist, bildet die prototypische Form der

---

10 Ebd., S. 36.
11 Ebd., S. 210-211.
12 Ebd., S. 187. Kursiva im Text.

symbolischen Aktivität. Alles geschieht, als ob die Konnektivität der Verbindungen selbst – ihre Verweisstruktur, das heißt ihre semiologische Struktur im allgemeinen – sich selbst diese repräsentative Aktivität, die es gerade ermöglicht, die Grenzen zwischen Gehirn und Psyche zu verwischen, repräsentieren und »kartographieren« würde.[13]

Das Gehirn erkundigt sich also über seinen eigenen Zustand in dem Maße, wie es über den des Organismus befragt wird, und diese Ökonomie der Transmission wird durch ein Spiel von »Signalen« gewährleistet, das Damasio als »Pulsationen« bezeichnet. Dieses elementare Kolloquium, das eine der Hauptaktivitäten des Nervensystems bildet, wird auch noch »unbewußt« genannt.[14] Die progressive Modifikation dieses ersten zerebralen Habitus führt zu immer komplexeren und immer stabileren »Karten«. Die Herstellung der Beziehung zum Objekt erfordert die Entstehung von Bildern oder »Karten zweiter Ordnung« und dann von Zeichen. Die einzelnen Etappen sehen folgendermaßen aus: »Die nicht bewußten neuronalen Signale eines individuellen Organismus erzeugen das Proto-Selbst, das die Voraussetzung für das Kernselbst und das Kernbewußtsein bildet, welche wiederum ein autobiographisches Selbst ermög-

---

13 Der Psychoanalytiker André Green bemerkt in seinem Buch *La causalité psychique, entre nature et culture* (Paris 1995, S. 314), dass »die Präsenz des Begriffs der Repräsentation quasi synonym zu dem der Psyche ist«.

14 In hochinteressanten klinischen Analysen zeigt Damasio, dass »das Gehirn mehr darüber weiß, als das Bewußtsein offenbart«, wie bestimmte Krankheitsfälle zeigen, die schwere Lern- und Gedächtnisstörungen aufweisen und deren Proto-Selbst intakt ist (siehe a.a.O., S. 57ff.). Daraus kann man also folgern, dass »die Fähigkeit zur Herstellung neuronaler Muster [...] auch dann noch erhalten bleibt, wenn kein Bewußtsein mehr erzeugt wird.« (S. 201)

lichen, auf dem das erweiterte Bewußtsein aufbaut. Am Ende dieser Kette erwächst aus dem erweiterten Bewußtsein das Gewissen.«[15] Vom einen Ende der Kette bis zum anderen, erklärt Damasio, muss man davon ausgehen, dass das Gehirn sich gewissermaßen von seinem eigenen Werden erzählt und dass es dies in Form eines »Berichts« macht.

In der zerebralen Struktur gibt es so etwas wie eine poetische Aktivität oder eine Berichtsfunktion ohne Wörter. »Der Bericht schildert die Beziehung zwischen dem in Veränderung begriffenen Proto-Selbst und den sensomotorischen Karten des Objekts, das diese Veränderungen bewirkt. Kurz: Während das Gehirn Vorstellungen von einem Objekt bildet – etwa einem Gesicht, einer Melodie, einem Zahnschmerz, der Erinnerung an ein Ereignis – und die Vorstellungen von dem Objekt auf den Zustand des Organismus einwirken, erzeugen Gehirnstrukturen auf einer anderen Ebene einen raschen nicht-sprachlichen Bericht. Dort geht es um die Ereignisse in verschiedenen Gehirnregionen, die infolge der Interaktion zwischen Objekt und Organismus aktiviert werden. Die Abbildung der objektbezogenen Konsequenzen findet in neuronalen Karten erster Ordnung statt, die das Proto-Selbst und das Objekt repräsentieren. Der Bericht über die kausale Beziehung zwischen Objekt und Organismus lässt sich nur in neuronalen Karten zweiter Ordnung einfangen. Rückblickend und metaphorisch gesprochen, könnte man sagen, daß der rasche, nicht-sprachliche Bericht zweiter Ordnung eine Geschichte

15 Ebd., S. 278.

erzählt: die des Organismus, der im Akt des Repräsentierens die Veränderung einfängt, der er unterliegt, während er etwas anderes repräsentiert.«[16]

Zwischen Proto-Selbst und Gewissen kommt es somit zu einem langen Prozess »der Re-Repräsentation des nichtbewußten Proto-Selbst, das [...] im Begriff ist, verändert zu werden.«[17] Dieser Prozess deckt sich genau mit dem der Übersetzung von neuronalen Mustern in mentale Muster. Diese letzteren Muster, also »Bilder« und »Zeichen«, bilden das elementare Leben der drei Bereiche der Kognition, der Emotionen und der Motivation, also der grundlegenden Dreiteilung des Geistes. Damasio beschreibt, »wie das Gehirn neuronale Muster in den Schaltkreisen seiner Nervenzellen herstellt und wie es ihm gelingt, diese in die expliziten mentalen Muster zu verwandeln, welche die höchste Ebene biologischer Phänomene bilden, in jene mentalen Muster also, die [er] gern Vorstellungen nennt«[18] – visuelle Vorstellungen, auditive Vorstellungen, taktile Vorstellungen und so weiter, Vorstellungen, die für jedes beliebige Objekt, jede beliebige konkrete oder abstrakte Relation, jedes beliebige Wort oder jedes beliebige Zeichen stehen.

Wie man sieht, wird der Übergang vom Neuronalen zum Mentalen deshalb für gewiss gehalten, weil es im Grunde unmöglich ist, die beiden Bereiche ganz streng und absolut zu unterscheiden. Wenn es im Gehirn eine Art von unterirdischer Aktivität der Repräsentation gibt, so bedeutet das, dass die

---

16 Ebd., S. 206-207.
17 Ebd., S. 208.
18 Ebd., S. 20.

Neuronen durch ihr »In-Verbindung-Stehen« bereits für den Sinn verfügbar und vorhanden sind. Genauso sind der Sinn und die symbolische Aktivität im allgemeinen von der neuronalen Konnektivität abhängig.

»Lost in Translation«: Vom Neuronalen zum Mentalen

So spannend diese Analysen auch sind, sie bleiben doch in vielen Punkten ungenügend. Trotz der Sicherheit und Gewissheit, die den Diskurs über die »Verflechtung« des Mentalen mit dem Neuronalen beherrschen, bleibt der Prozess der »Übersetzung« von Gegebenheiten von einem Bereich in den anderen unklar. Wie auch immer: Wenn diese »Übersetzung« auch ihre Funktion betreffend plausibel ist, so bleibt sie zweifelhaft, was ihre Legalität betrifft: sie konnte nie wirklich als Gesetz formuliert werden oder eine universelle Geltung erreichen. Niemand kann heute beweisen, dass alle kognitiven, emotionalen oder praktischen Aktivitäten neu formulierte und neu systematisierte Äquivalente von neuronalen Mustern sind. Wie Joseph LeDoux selber sagt: »Ohne uns zu schämen, müssen wir eingestehen, dass wir bis jetzt nicht in der Lage sind, eine vollständige synaptische Theorie der Persönlichkeit zu formulieren.«[19]

Wenn es auch immer eine mentale Dimension des Neuronalen und eine neuronale Dimension des Mentalen gibt, muss

19 J. LeDoux, *Synaptic Self*, a.a.O., S. 3.

man doch davon ausgehen, dass auch die Kontinuität vom einen zum anderen zugleich neuronal und mental, biologisch und kulturell ist, oder – wenn man die »Übersetzungen« beschleunigt – ein Objekt der Beobachtung und ein interpretatives Postulat. Erinnern wir uns: Die Kontinuität vom Neuronalen zum Mentalen ist ein theoretisches Gemisch, was ihr Wesen betrifft, und zugleich eine experimentelle und hermeneutische Instanz, wie der Rückgriff auf die Metaphern der Erzählung und des Textes in der Analyse von Damasio beweist. Es ist somit klar, dass der Raum und der Einschnitt, welche das Neuronale vom Mentalen oder das Proto-Selbst von verschiedenen Formen des Bewusstseins trennen, gerade nicht mit synaptischen Spalten und mit Öffnungen zu vergleichen sind, die den Übergang ermöglichen, ohne ihn jemals zu beeinträchtigen, sondern vielmehr mit theoretischen Brüchen, die es – damit sie überwunden werden können – notwendig machen, dass die wissenschaftliche Erklärung durch Interpretation abgelöst wird.

Wenn wir dies sagen, wollen wir weder die Hypothese der Kontinuität vom Neuronalen zum Mentalen bestreiten noch irgend einem Antireduktionismus das Wort reden. Es scheint uns einfach nur wichtig zu sein, dass dieser theoretische Bruch – wenn er nicht als solcher zur Kenntnis genommen wird, was in den meisten neurowissenschaftlichen Diskursen der Fall ist – Gefahr läuft, nur durch die Brutalität und Naivität der Ideologie überwunden zu werden.

Es ist jedenfalls möglich zu postulieren, dass der Organismus »als Einheit im Gehirn des Organismus kartiert wird, und zwar in Strukturen, die das Leben des Organismus regulieren und seine inneren Zustände fortlaufend signalisieren [...] [und dass] alle diese neuronalen Muster Vorstellungen werden können.«[20] Es bleibt weiterhin das Problem, zu erkennen, welcher Art dieses Werden ist, das die Transformation vom Proto-Selbst zu einer bewussten Instanz ermöglicht. Gewiss, wie wir sehen, schlägt Damasio eine Erklärung und eine Metapher für diese Transformation vor. Die Idee eines Prozesses der unbewussten metabolischen Repräsentation ist höchst interessant: sie ermöglicht es in der Tat, die Hypothese eines metamorphischen Fließens aufzustellen, welches die Synthese des Zerebralen und des Psychischen sichert. Aber das Hauptproblem liegt in den Modalitäten dieser »Synthese«, in den Bedingungen der Möglichkeit dieses Fließens.

Worin besteht letzten Endes die Quelle dieses Metabolismus oder dieses Zerebral/Mental-Konvertierers? Von den Neurologen gibt es darauf keine befriedigende Antwort. »Veränderung«, »Übersetzung«, »Zusammenfassung« und »Bericht« sind zu schwammig und ermöglichen es nicht, ohne spätere Analyse gleichzeitig den Übergang von der einen Organisationsebene zur nächsten (neuronalen oder mentalen) Ebene, den Übergang vom einen Organisationssystem zum nächsten (von der Selbsterhaltung des Proto-Selbst zur erforschenden Tätigkeit des Bewusstseins), und den Übergang von einer organisatorischen Gegebenheit zu einer anderen zu erfassen (das Proto-Selbst ist eine genetische Gegebenheit, das Selbst als Manipulator von Bildern und Zeichen ist eine biologisch-

---

20 A. Damasio, *Ich fühle, also bin ich*, a.a.O., S. 205.

kulturelle Gegebenheit). Man weiß tatsächlich nicht, was diese Übergänge ursprünglich möglich macht: Sind sie biologisch programmiert? Sind sie eine Frucht der Erfahrung oder der individuellen Geschichte? Sind sie das Resultat von beiden?

Während er seine Definition des Ausdrucks »unbewußt« präzisiert, erklärt Damasio: »Tatsächlich ist die Liste des ›Nicht-Erkannten‹ erstaunlich umfangreich. Schauen wir sie uns näher an: 1. alle vollständig ausgebildeten Vorstellungen, auf die wir nicht achten; 2. alle neuronalen Muster, die keine Vorstellungen werden; 3. alle Dispositionen, die durch Erfahrung erworben wurden, latent sind und vielleicht nie zu expliziten neuronalen Mustern werden; 4. alle verborgene Modifikation solcher Dispositionen und all ihre Wiedervernetzung – was möglicherweise nie explizit erkannt wird; und 5. all die verborgene Weisheit und das Know-how, das die Natur in angeborenen, homöostatischen Dispositionen Gestalt annehmen läßt.«[21] Es ist also legitim, sich zu fragen, warum bestimmte neuronale Muster niemals zu Vorstellungen werden und warum bestimmte Dispositionen niemals zu Schemata werden. Was mysteriös bleibt (und man kann sich nicht damit zufriedengeben, an diesem Punkt »die Weisheit der Natur« heraufzubeschwören), ist die grundlegende Struktur der Transformation, der Übergang von einem universellen, noch nicht partikularisierten Selbst zum einzigartigen Selbst, also zu dem, was ich bin, was wir sind.

Keine Interpretation ist auch eine Interpretation. Wenn man kein hermeneutisches Schema konstruieren will, mit dem

21 Ebd., S. 275-276.

man die Beziehungen des Neuronalen und des Mentalen zumindest provisorisch erklären könnte, wenn man die zwangsläufig meta-neurobiologische Dimension dieses Schemas nicht zur Kenntnis nehmen will, setzt man sich – ob man das nun einsieht oder nicht – der Gefahr aus, in den Bereich der Ideologie abzugleiten. Zum Beispiel und vor allem in den des mentalen Darwinimus oder des psychologischen Darwinismus.

Wir stoßen hier wieder auf die politischen, ökonomischen und sozialen Fragen, die bereits oben angesprochen wurden. Nach der »Logik« dieser »darwinistischen« Positionen werden nur die neuronalen Muster in Vorstellungen umgewandelt, die möglicherweise überleben können, die also die »besten« oder »leistungsfähigsten« sind. Es werden nur die synaptischen Verbindungen moduliert oder verstärkt, die am »nützlichsten« sind.[22] Es gäbe also sogar innerhalb des Selbst eine Selektion im Hinblick auf Effektivität. Wie Damasio sagt: »Nicht zuletzt resultieren unsere Einstellungen und Entscheidungen aus den Eigenschaften der Persönlichkeit, die der Organismus in jedem flüchtigen Moment erschafft.«[23] Es hat also den Anschein, als ob bestimmte Persönlichkeiten mehr »Eigenschaften« als andere hätten, da der Autor selber von qualitativen Unterschieden der Individualität spricht und ausgehend von der Zahl und vom neuronalen Reichtum an Verbindungen, die ihnen zugrunde liegen, »Persönlichkeiten, die […] besonders ausgeglichen und reif erscheinen«[24] heraufbeschwört.

---

22 Jean-Pierre Changeux und Alain Connes, *Gedankenmaterie,* übers. von Klaus Hepp, Berlin 1992, S. 88ff.

23 A. Damasio, *Ich fühle, also bin ich*, a.a.O., S. 271.

24 Ebd., S. 269.

Was sonst soll diesen Zusatz an Reife und Ausgeglichenheit, der für manche »Selbste« charakteristisch ist, kennzeichnen, wenn nicht ein Zuwachs an Macht oder an Erfolgsvermögen, eine größere Zahl von Chancen, eine vorherrschende Position einnehmen zu können? Und wem oder was könnten umgekehrt »unausgeglichene« oder »unreife« Persönlichkeiten entsprechen, wenn nicht in der einen oder anderen Weise »Entkoppelten«, von denen wir oben gesprochen haben? Wo verläuft die Trennungslinie zwischen den beiden? Das führt uns wieder zum Problem des »Übergangs« zurück. Wenn wir zu Anfang ein nichtbewußtes Proto-Selbst sind, das »ständig modifiziert wird«, wie kommt dann die Modifikation zustande? Geht sie nicht nur durch eine natürliche (oder kulturelle, das läuft hier auf dasselbe hinaus) Selektion vonstatten?[25] Muss man von der Geschmeidigkeit eines grundlegenden Selbst ausgehen, das sich der Funktionsweise des zugleich biologischen und kulturellen Siebes beugen muss, durch das es gefiltert wird?

Diese Fragen sind von grundlegender Bedeutung. Ein Bewusstsein des Gehirns zu erwecken, wie wir es hier versuchen, bedeutet auch, ein Bewusstsein des Selbst zu erwecken, sozusagen ein Bewusstsein des Bewusstseins, und das heißt auch, wie man jetzt versteht, ein Verständnis des Übergangs vom Neuronalen zum Mentalen, ein Verständnis der zerebralen Veränderung. Das Gehirn ist unser Gehirn, und wir wissen es nicht. Das Gehirn besteht aus Modifikationen von Modifikationen, aus »Re-Repräsentationen«, und wir wissen es nicht.

---

25 Zur Kritik des mentalen Darwinismus siehe André Green, *La causalité psychique*, a.a.O., S. 26ff., »De la théorie de l'évolution au darwinisme neural«.

Das Gehirn verdankt seine Vitalität einer permanenten Veränderung der Plastizität (das heißt auch einer Plastizität der Veränderung selber), und wir wissen es nicht. Indem die Neurobiologen und die Kognitionswissenschaftler diese Punkte im Dunkeln lassen und nur ihre Resultate diskutieren, tragen sie dazu bei, das diffuse und äußerst paradoxe Gefühl zu verstärken, dass das Gehirn ein Ort ist, an dem sich nichts verändert, und dass wir eigentlich nichts daran ändern können, nichts an ihm ändern können und dass man nur die Selektion zu wirken lassen braucht. Aber was nützt es uns, ein ganz neues Gehirn zu haben, wenn wir keine ganz neue Identität haben, wenn die synaptische Veränderung nichts ändert? Und was können wir von all diesen Diskursen, von all diesen Beschreibungen des neuronalen Menschen und von all diesen wissenschaftlichen Revolutionen festhalten, wenn nicht das Fehlen einer Revolution in unserem Selbst? Welche neuen Horizonte öffnen also die neuen Gehirne, die neuen Gehirntheoretiker?

Zu den Filmen Antonionis erklärt Deleuze: »Antonioni ist kein Kritiker der modernen Welt, an deren Möglichkeiten er zutiefst ›glaubt‹. Er kritisiert die in dieser Welt bestehende Koexistenz zwischen modernem Gehirn und erschöpftem [...] Körper.«[26] Wir könnten genauso sagen, dass wir heute die »Koexistenz eines modernen Gehirns und einer erschöpften Identität« erleben... All die faszinierenden Entdeckungen der Neurowissenschaften bleiben für uns toter Buchstabe und schaffen es nicht, unsere alten Vorstellungen vom Gehirn (zum Beispiel

---

26 G. Deleuze, *Das Zeit-Bild*, a.a.O., S. 264.

die von der Gehirnmaschine) zu zerstören, da sie unfähig sind, Möglichkeiten, neue Lebensweisen und – warum soll man sich vor dem Wort scheuen – neue Arten und Weisen, glücklich zu sein, freizusetzen.

Langzeit-Verstärkung und -abschwächung können nicht die ersten und die letzten Worte der Plastizität des Selbst sein, das heißt seiner Modifizierung durch die Erfahrung.

Auch wenn es spannend ist, die Aplysia zu beobachten, können wir dennoch nicht unsere Zeit damit verbringen, über Meeresschnecken in Begeisterung zu geraten. Auch wenn bestimmte populärwissenschaftliche Zeitungen uns dazu auffordern, können wir uns nicht fragen: »Wie unterscheidet sich die Gehirntätigkeit eines Mathematikers von der eines Architekten?«, »Welche Gehirnzonen sind aktiv, wenn ein Anwalt sein Plädoyer hält?«, »Kann man die Menschen dazu erziehen, die Gehirnzonen zu aktivieren, die geeignet sind, ihre Leistung zu steigern?«[27] oder »Wird es bald möglich sein, Gedanken zu lesen?« All dies ist im Grunde gleichgültig, und unser Selbst selber ist – ebenso wie unser Körper – erschöpft angesichts des Fehlens jeglicher Perspektive. Eine traurige Geschichte für ein trauriges Subjekt, dem es niemals gegeben ist, seine eigene Transformation zu verstehen.

Es gibt also eine enorme Diskrepanz zwischen der deskriptiven Zielsetzung der neurowissenschaftlichen Diskurse und ihrer präskriptiven Zielsetzung, eine enorme Diskrepanz zwi-

---

27 Diese Beispiele werden zitiert von Jean Decety in seinem Artikel »Les images du cerveau: intérêt et limites des techniques de neuro-imagerie«, in »Le cerveau et les images«, *Annales d'histoire et de philosophie du vivant,* Bd. 3, a.a.O., S. 39.

schen all den Zukunftsversprechen, dem Wunsch nach einer anderen Geschichte und einem anderen Leben (der durch die neue Sicht des Gehirns, durch diesen Kontinent, den die heutige zerebrale Plastizität darstellt, ausgelöst wird) und dem engen politischen, philosophischen oder kulturellen Raum, in dem diese Versprechen theoretisch entfaltet werden können und sich dennoch nicht realisieren lassen. Noch einmal, es hat den Anschein, als ob die neuronale Revolution für uns nichts revolutioniert hätte, es sei denn, dass unser neues Gehirn uns nur dazu dient, mobiler zu sein, besser zu arbeiten, besser zu fühlen oder besser zu gehorchen. Die Synthese des Neuronalen und des Psychischen hält also nicht, was sie verspricht: Wir sind weder freier noch intelligenter oder glücklicher. »Das Individuum von heute ist weder krank noch geheilt. Es ist für unterschiedliche Wartungsprogramme angemeldet.«[28] Wollen wir weiterhin »valide Invaliden« sein?

Wie kann man verkennen, dass die einzige Perspektive für einen wirklichen Fortschritt, die durch die Neurowissenschaften eröffnet wird, die Perspektive einer Verbesserung der »Lebensqualität« durch eine bessere Behandlung von Krankheiten ist?[29] Wir wollen nichts von diesen Halbmaßnahmen wissen,

---

28 A. Ehrenberg, *Das erschöpfte Selbst*, a.a.O., S. 248.

29 Vgl. die Aussagen von LeDoux in *Synaptic Self*: »Die Lebensqualität kann auch verbessert werden, wenn wir zum Beispiel neue Wege zur Behandlung von neurologischen oder psychiatrischen Störungen finden.« (a.a.O., S. 3) Oder auch: »Eine Schlüsselfrage, die der Leser sich jetzt stellen mag, lautet, ob diese ganze *Hard-Core*-Neurowissenschaft tatsächlich irgendeinen praktischen Nutzen hat. Anders gesagt, ist es möglich, dass diese Art von Arbeit dazu beitragen kann, das normale Gedächtnis zu verbessern oder, noch wichtiger, den altersbedingten Gedächtnisverlust rückgängig zu machen oder ihm vorzubeugen?« (S. 172)

von dem, was Nietzsche zurecht als eine Krankenlogik bezeichnet, die Verzweiflung und Leid auslöst. Was uns fehlt, ist das Leben, das heißt Widerstand. *Wir wollen Widerstand*. Widerstand gegen die Flexibilität, gegen die ideologische Norm, die bewusst oder unbewusst vom reduktionistischen Diskurs transportiert wird, der den neuronalen Prozess modelliert und naturalisiert, um ein ganz bestimmtes gesellschaftliches und politisches Funktionieren zu legitimieren.

Eine andere Plastizität

Wenn man die Idee akzeptiert, der zufolge die Persönlichkeit aus der Konstellation der vorhandenen synaptischen Verbindungen hervorgeht, akzeptiert man auch die, derzufolge die Persönlichkeit »umformbar« oder »reformierbar« ist. Wenn das der Fall ist, sind diese Umgestaltung und Reformation grenzenlos oder haben sie im Gegenteil ein Vermögen, Widerstand gegen den Exzess der Polymorphie leisten zu können? Wir kommen hier zum Punkt der Konfrontation von Flexibilität und Plastizität.

Um all die Fragen beantworten zu können, die wir von Anfang an aufgeworfen haben, scheint es uns unbedingt notwendig zu sein, in das Register der zerebralen Plastizität, die im ersten Kapitel beschrieben wurde, neben der Plastizität der Entwicklung, der Modulation und der Wiederherstellung noch einen vierten Typ von Plastizität einzuführen, der die Herausbildung der einzigartigen Person ausgehend von der neuronalen Matrix ermöglicht und kennzeichnet. (Dieser Typus wird als solcher von den Neurowissenschaftlern überhaupt nicht betrachtet.) Dabei handelt es sich sozusagen um eine Zwischenplastizität, die zwischen der Plastizität des Proto-Selbst[30] und der des bewussten Selbst angesiedelt ist. Noch einmal, wir wollen keineswegs der These vom Übergang vom Neuronalen zum Mentalen widersprechen; wir wollen nicht die Existenz einer angeblichen Inkommensurabilität der beiden Bereiche befürworten. Diese »antireduktionistische« Position ist nicht die unsere. Wir denken ganz einfach, dass ein vernünftiger Materialismus die notwendige Vermittlung der Idealisierung des Selbst akzeptieren muss. Dass die Position des neuronalen Materialismus, die wir voll und ganz übernehmen, eine bestimmte Idee oder Theorie des Übergangs entwickeln muss. Genau für diese Plastizität des Übergangs, die in den Abhandlungen zur Neurobiologie vernachlässigt wird, für diese Plastizität, die eine Verbindung zwischen Protoplastizität und Plastizität der Erfahrung herstellt, fordern wir, diese theoretische Grundlage, diese Idee oder Idealisierung zu schaffen. »Ihr seid eure Synapsen«: gegen diesen Satz haben wir nichts einzuwenden. Wir möchten einfach nur verstehen, was »sein« hier zu bedeuten hat.

Dafür muss man sich mit der Zwischenplastizität beschäftigen, mit dieser Verbindungs-Plastizität, die nie als solche gedacht oder erkannt wird und die es ermöglicht, eine regelrechte

---

30 Das Proto-Selbst ist plastisch in dem Maße, wie es sich, laut Damasio, »nicht an einem Ort manifestiert, sondern dynamisch und fortlaufend aus vielfältig interagierenden Signalen entsteht, die sich über verschiedene Bereiche des Nervensystems erstrecken.« (A. Damasio, *Ich fühle, also bin ich*, a.a.O., S. 188.)

Dialektik der Selbstkonstitution des Selbst zu entwickeln. Und genau diese gilt es zu erfassen, so wie Freud es zu seiner Zeit getan hat, indem er genau den Typus von Transformation analysierte, der den Übergang vom Neuronalen zum Psychischen ermöglicht, wobei das zweite sozusagen immer nur die Metamorphose des ersten ist.[31] Wenn man diese Transformation oder diese Plastizität nicht berücksichtigt, geht man der noch wichtigeren Frage nach der Freiheit aus dem Weg. Wenn das Leben des Gehirns sich zwischen Programm und Entprogrammierung, zwischen Determinismus und der Möglichkeit, die Differenz zu verändern, abspielt, dann ist der Übergang vom Proto-Selbst zum Selbst auch ein Übergang vom Undifferenzierten zur Möglichkeit einer Transdifferenzierung aus sich heraus – sodass das Selbst zwischen Formannahme und Formgebung gleichzeitig etwas ist, was man erbt und was man schafft. Man kann sich also nicht darauf beschränken, in neutraler Weise die drei Typen von Plastizität zu beschreiben, die im ersten Kapitel angeführt wurden. Man muss auch ein Modell für ihre Interaktion und für die gemeinsame Dynamik ihrer Genese vorschlagen: wie die Modulation zur Modellierung führt, wie die Wiederherstellung mit der Erfahrung ihre Richtung ändert, und wie diese Interaktionen eine freie Persönlichkeit oder eine freie Singularität konstruieren. Aber um eine solche Konstruktion verstehen zu können, muss man zwangsläufig das Gebiet der reinen Beschreibung verlassen und bereit sein, eine theoretische Grundlage zu erarbeiten, die

---

31 Sigmund Freud, »Entwurf einer Psychologie«, in *Gesammelte Werke, Nachtragsband*, Frankfurt a. M. 1987, S. 387-486.

zwangsläufig metaneurobiologisch ist – so wie Freud, der das Bedürfnis verspürte, hinter die Dinge oder über sie hinaus zu gehen, eine Metapsychologie geschrieben hat.

Auftauchen und Vernichtung der Form

Erinnern wir uns, dass die Plastizität zwischen zwei Extremen angesiedelt ist: einerseits die Annahme der Form (Skulptur, Abformung, Gestaltung der plastischen Materie), zum anderen die Vernichtung jeder Form (Plastiksprengstoff, Sprengstoffanschläge). Der Bedeutungsumfang der Plastizität liegt zwischen skulptureller Modellierung und Deflagration, das heißt Explosion. Es ist nun an der Zeit, diese letztere Bedeutung zu untersuchen. Was heute gedacht werden muss, ist genau diese doppelte, widersprüchliche und dennoch untrennbare Bewegung des Auftauchens und Verschwindens der Form. Innerhalb der ständigen Zirkulation zwischen dem Neuronalen, dem Ökonomischen, dem Gesellschaftlichen und dem Politischen, die heute die westliche Kultur charakterisiert, muss das Individuum genau die Mitte zwischen der Formannahme und der Vernichtung der Form halten. Zwischen der Möglichkeit der Einrichtung in einem Territorium und der Akzeptierung der Regeln der Deterritorialisierung, zwischen der Konfiguration eines Netzes und seinem vergänglichen, auslöschbaren Charakter. Es ist klar, dass wir in einer Epoche leben, in der die Identität nicht mehr als ein dauerhaftes Wesen definiert wird, sondern als ein Prozess der Selbstkonstitution oder der »Gestaltung«, um einen Ausdruck von Foucault aufzugreifen, also als ein Prozess, in dem der Fächer einer Pluralität von Figurationen entfaltet wird. Jeder lebt heute mehrere Leben, gleichzeitig und nacheinander.

Die Selbstgestaltung beinhaltet gleichzeitig die Erarbeitung einer Form, eines Gesichts, einer Figur *und* die Auslöschung einer anderen Form, eines anderen Gesichts und einer anderen Figur, welche ihnen vorausgingen oder zeitgleich mit ihnen vorhanden sind. Einerseits ist die Koinzidenz von Formgebung und dem Verschwinden der Form diachronisch: eine vergangene Form weicht einer neuen Form, man verändert also im Laufe der Zeit seine Identität oder sein Selbst. Andererseits ist die Koinzidenz von Formgebung und dem Verschwinden der Form synchronisch: die Drohung, die Form zum Explodieren zu bringen, ist jeder Form strukturell inhärent. Jede aktuelle Identität wird nur um den Preis eines Kampfes gegen ihre Selbstzerstörung aufrechterhalten. In diesem Sinne ist die Identität ihrer Natur nach dialektisch.

Was soll das heißen? Die Plastizität des Selbst, die voraussetzt, dass es sich seine Form gibt und sie gleichzeitig annimmt, beinhaltet eine notwendige Spaltung und die Suche nach einem Gleichgewicht zwischen der Aufrechterhaltung einer Konstanz (oder eines autobiographischen Selbst) und der Preisgabe dieser Konstanz an Unglücksfälle, an das Außen und an die Andersartigkeit im allgemeinen (um Bestand haben zu können, muss die Identität sich paradoxerweise verändern oder verunglücken). Daraus ergibt sich eine Spannung, die aus dem Widerstand hervorgeht, den Konstanz und Kreation sich wechselseitig entgegensetzen. Jede Form trägt ihren eigenen Widerspruch in sich. Und gerade dieser Widerstand macht die Transformation möglich. Die Selbstkonstitution des

Selbst kann offensichtlich nicht als eine schlichte Anpassung an eine Form, an ein Modell oder an Schemata, die von einer Kultur übernommen werden, verstanden werden. Man formt sich nur ausgehend von einem Widerstand gegen die Form selber. Die Polymorphie, die für alle Formen offen ist, die alle Masken, alle Haltungen und alle Verhaltensweisen annehmen kann, führt nur zur Demontage der Identität. Die Flexibilität, bei der es in keiner Weise eine echte Spannung zwischen Aufrechterhaltung und Evolution gibt, sondern die beides vielmehr in einer schlichten und einfachen Logik der Imitation und der Leistungsfähigkeit vermischt, ist nicht schöpferisch. Sie ist reproduktiv und normativ.

Das Leben und die Explosion: Homöostase und Selbsterzeugung

Kommen wir wieder zum Problem des Übergangs vom Neuronalen zum Mentalen. Was wir soeben zum Thema der dialektischen Natur der Identität gesagt haben, wurzelt tatsächlich in der Natur dieser letzteren, das heißt in ihrer biologischen Grundlage. Wir übernehmen voll und ganz die These von der Existenz eines neuronalen Selbst, wir meinen nur, dass auch dieses Selbst – und dieses Selbst als allererstes – durch das dialektische Spiel des Auftauchens und Verschwindens der Form strukturiert wird und dass die geschichtlich-kulturelle Gestaltung des Selbst nur aufgrund dieser natürlichen und ersten Ökonomie des Widerspruchs möglich ist.

Der Übergang vom Neuronalen zum Mentalen setzt tatsächlich Negation und Widerstand voraus. Es gibt keine schlichte und klare Kontinuität vom einen zum anderen, sondern eine Transformation des einen in das andere ausgehend von ihrem gegenseitigen Konflikt. Man muss davon ausgehen, dass die mentale Entwicklung ihr Sein oder ihre Identität aus dem Verschwinden des Neuronalen bezieht, dass sie aus einer Art Leere hervorgeht, welche der höchst widersprüchliche Treffpunkt von Natur und Geschichte ist. Nur eine ontologische Explosion kann den Übergang von einer Ordnung zur nächsten, von einer Organisation zur nächsten, von einer Gegebenheit zur nächsten möglich machen.

Neuronales und Mentales leisten (einander) Widerstand, und aus diesem Grund können sie sich miteinander verketten, also genau deshalb, weil sie im Gegensatz zu dem, was Damasio behauptet, nicht dieselbe Sprache sprechen.

Eines der großen Verdienste von Bergson besteht darin, gezeigt zu haben, dass jede vitale Bewegung plastisch ist, das heißt, gleichzeitig aus einer Explosion und einer Schöpfung hervorgeht. Nur indem das Leben Explosivstoffe herstellt, gibt es seiner eigenen Freiheit eine Form, das heißt, wendet es sich vom reinen genetischen Determinismus ab. Lesen wir zum Beispiel diesen Abschnitt aus *Die seelische Energie*: »Wenn man den Mechanismus der willenhaften Bewegung im besonderen, die Funktionsweise des Nervensystems im allgemeinen, kurz, das Leben in seinem Wesen betrachtet, so kommt man zu dem Schluss, dass das Bewusstsein, von seinen bescheidensten Anfängen in den primitivsten Lebensformen an, immerfort den Kunstgriff gebraucht, den Determinismus der Körperwelt für seine Zwecke umzumodeln, anders gesagt, das Gesetz von der Erhaltung der Energie umzukehren, indem es der Materie eine immer intensivere Fabrikation von immer besser brauchbaren Explosivstoffen abnötigt: und dann genügt eine ungemein schwache Bewegung, wie etwa der mühelose Druck des Fingers auf den Hahn einer reibungslosen Flinte, um im gewollten Moment, in der gewählten Richtung, die größtmögliche Summe angehäufter Energie frei zu machen. [...] Explosivstoffe dieser Art zu erzeugen und zu gebrauchen, scheint das ständige, das wesentliche Trachten des Lebens zu sein, begonnen von seinem ersten Auftauchen in willkürlich umformbaren Protoplasma-Massen bis zu seiner vollen Entfaltung in Organismen, die freier Handlungen fähig sind.«[32]

Diese gestalterische Wirkung von Explosivstoffen und diese formgebende Tätigkeit des Sprengstoffs entsprechen der Transformation von einem motorischen Zustand zum nächsten, vom einen Dispositiv zum nächsten, also einer Transformation, die einen Bruch braucht, das heißt die Gewalt einer Entgleisung, die jede Kontinuität unterbricht.[33] Das ist

---

32 Henri Bergson, *Die seelische Energie*, übers. von Eugen Lerch, Jena 1928, S. 32-33.

33 Wie bereits oben angedeutet, lassen sich diese energetischen Brüche auch auf der rudimentärsten Ebene der Konstitution von neuronalen Mustern feststellen, einer Konstitution, die die Umwandlung von elektrischen Signalen in chemische und dann erneut in elektrische Signale erfordert. Vgl. LeDoux, *Synaptic Self*: »Die volle Sequenz der Kommunikation zwischen Neuronen ist somit normalerweise elektrisch-chemisch-elektrisch: elektrische Signale, die die Axonen entlangkommen, werden in *chemische* Botschaften umgewandelt, welche dazu beitragen, *elektrische* Signale in der nächsten Zelle auszulösen. [...] So schwer vorstellbar es auch ist, elektro-chemische Konversationen zwischen den Neuronen ermöglichen die wunderbaren (und manchmal schrecklichen) Errungenschaften des menschlichen Geistes. Auch die Tatsache, dies zu verstehen, ist selber ein elektrochemischer Vorgang.« (a.a.O., S. 47-48)

das Gesetz und das Abenteuer der Energie. Somit muss man sich den Übergang vom Neuronalen zum Mentalen nach dem Modell des Übergangs von der Glykogenlagerung in den Muskeln zur willenhaften Aktion, die dank eben dieser Muskeln ausgeführt wird, vorstellen. Die Energieexplosion ist eine Idee der Natur. Indem die Kraft von einem Motor zum nächsten, von einem energetischen Dispositiv zum nächsten übergeht, geht sie verloren und formt sich zugleich auf andere Weise, so wie die metamorphe Krise den Schmetterling von seiner Puppe befreit. Die Skulptur des Selbst entsteht aus der Explosion einer ursprünglichen biologischen Matrix, was allerdings nicht bedeutet, dass diese Matrix verleugnet oder vergessen wird, sondern dass sie sich auflöst.

Diese Sichtweise entspricht – trotz der Prägnanz des Explosiven in den Definitionen der Plastizität – offensichtlich nicht einer terroristischen Konzeption der Konstitution von Identität… Die Explosionen, um die es hier geht, sind eindeutig als Energieentladungen zu verstehen, als schöpferische Funkengarben, die die Natur nach und nach in Freiheit verwandeln. Den Schwerpunkt auf diese explosiven Erscheinungen zu legen, bedeutet, dass wir in dem Maße nicht flexibel sind, in dem jede Identitätsveränderung eine kritische Überprüfung ist, die Spuren hinterlässt, dabei andere Spuren auslöscht, gegen die eigene Überprüfung Widerstand leistet und keine Polymorphie duldet. Es ist zwar paradox, aber wenn wir flexibel wären, anders gesagt, wenn wir nicht bei jedem Übergang explodieren würden, wenn wir uns nicht ein wenig zerstören würden, könnten wir nicht leben. Die Identität widersetzt sich ihrem eigenen Werden in dem Maße, in dem sie es formt.

Im zentralen Nervensystem geht der Widerspruch der Form – Formgebung/Explosion – aus einem ursprünglicheren Widerspruch hervor, aus dem Widerspruch zwischen der Systemerhaltung oder »Homöostase« und der Fähigkeit zur Systemerneuerung oder »Selbsterzeugung«. Das Nervensystem ist wie jedes System selbstgesteuert und selbstorganisiert, was voraussetzt, dass es eine beträchtliche Energie aufwendet, um seine Erhaltung zu sichern. Um sich vor Zerstörung zu schützen, muss es sich im selben Zustand erhalten. Daher erzeugt und spezifiziert es kontinuierlich seine eigene Organisation. Damasio: »*Homöostase* bezeichnet die koordinierten und weitgehend automatischen physiologischen Reaktionen, die erforderlich sind, um in einem lebenden Organismus stabile innere Zustände hervorzurufen.«[34] Jedes von außen kommende Ereignis hat zwangsläufig Auswirkungen auf die Homöostase und ruft »eine andere Ebene der zerebralen Struktur« zur Hilfe, die die Aufgabe hat, die Erhaltung in ein schöpferisches Vermögen umzuwandeln. Wie wir gesehen haben, erfordern »ein Gesicht, eine Melodie, ein Zahnschmerz oder die Erinnerung an ein Ereignis« eine erste Transformation oder einen Bericht in den »neuronalen Karten«, die ihrerseits fordern, in Vorstellungen oder »mentale Karten« umgewandelt zu werden. Wie Marc Jeannerod sagt: »Die biologische Funktion der intentionalen Aktion muss [...] nicht in der Erhaltung einer Konstanz gesucht werden, sondern eher in der Genese von neuen Eigenschaften. [...] Das führt zu einer Umkehrung der Auffassung

---

34 A. Damasio, *Ich fühle, also bin ich*, a.a.O., S. 54.

von den Beziehungen zwischen Organismus und Umwelt: eine selbstgesteuerte Struktur kann die Umwelteinflüsse nur hinnehmen, während allein eine Struktur, die zu selbsterzeugter Aktivität fähig ist, ihre eigene Organisation durchsetzen kann. Die intentionale Bewegung würde so zu dem Mittel, durch das der Organismus aktiv mit der Umwelt interagiert und mit dessen Hilfe das Subjekt seine eigene Vorstellung vom Realen konstruiert.«[35] Aber dieser Übergang von der »Homöostase« zur »Selbsterzeugung« verläuft nicht ohne Brüche oder Sprünge.

Die Plastizität, die die Subjektivität zwischen der Erhaltung und der Konstruktion oder Produktion von etwas Neuem ansiedelt, ist nicht glatt. Die »Kette«, die vom elementaren Leben zur Autonomie eines freien Selbst führt – das nicht nur in der Lage ist, von außen kommende Turbulenzen zu integrieren, ohne sich aufzulösen, sondern auch sich selber zu schaffen und seine eigene Geschichte zu machen –, ist eine Bewegung voller Turbulenzen. Die homöostatische Energie und die Energie zur Selbsterzeugung haben offensichtlich nicht dieselbe Natur. Wenn das Gehirn also »immer damit beschäftigt ist, sich seine eigene Veränderung vorzustellen«, muss man daher gerade innerhalb der unleugbaren Komplizenschaft, die das Zerebrale mit dem Psychischen oder Mentalen verbindet, eine Reihe von Brüchen oder Sprüngen voraussetzen.

---

35 M. Jeannerod, *La nature de l'esprit*, a.a.O., S. 111. Zum Thema der Selbsterzeugung siehe auch J.-P. Changeux, *Der neuronale Mensch*: »Das menschliche Gehirn ist ganz offensichtlich in der Lage, autonom Handlungsstrategien zu entwickeln. Es antizipiert künftige Ereignisse und schafft seine eigenen Programme. Diese Fähigkeit zur *Selbstorganisation* ist eines der auffälligsten Merkmale der Gehirnmaschine, deren höchstes Erzeugnis das Denken ist.« (a.a.O., S 166).

Die logisch begründete Resilienz

Der Begriff der »Resilienz«, der von Boris Cyrulnik aufgegriffen und weiterentwickelt wurde, wird unsere These bestätigen. Resilienz ist eine Logik der Formierung des Selbst ausgehend von der Vernichtung der Form.[36] Sie erscheint als ein psychischer Prozess der Konstruktion oder vielmehr der Rekonstruktion und Rekonfiguration des Selbst, das sich gleichzeitig *gegen* die Drohung der Zerstörung und *mit* ihr entwickelt. Als er die Fälle von bestimmten »armen kleinen Teufeln« (von missratenen, misshandelten, kranken Kindern) untersucht – also von Kindern, denen es an Flexibilität mangelt –, stellt Cyrulnik fest, dass einige von ihnen Prozesse der Resilienz entwickelt haben, also Möglichkeiten eines Werdens ausgehend vom Verlust jeder Zukunft, das heißt Möglichkeiten einer Transformation der Spur oder der Prägung, Möglichkeiten einer geschichtlichen Transdifferenzierung. Als ob diese Kinder nach den zerstörerischen Erfahrungen, die sie gemacht haben, von sich aus ihre Konstanz oder ihre Homöostase selbst erzeugt hätten, um zu sich selbst zurückzukehren.

Auch diese rückwärtsgehenden Erzeugungen geschehen zwangsläufig durch neuronale Rekonfigurationen und folglich durch ein Mental-Werden dieser Rekonfigurationen. Aber

---

36 Der Begriff der »Resilienz« stammt aus der Physik. »Resilient« ist, »was (mehr oder weniger) Stößen standhält und durch eine mehr oder weniger große Widerstandskraft charakterisiert ist«. »Resilienz«: »Verhältnis der kinetischen Energie, die absorbiert wird, um den Bruch eines Metalls (an der Oberfläche eines angerissenen Abschnitts) herbeizuführen. Die Resilienz (in kg pro cm^2) beschreibt die Widerstandsfähigkeit gegen Bruch.«

weit davon entfernt, einer schlicht kontinuierlichen Bewegung zu gehorchen, bestehen diese Rekonfigurationen und dieses Werden aus Brüchen und Widerstand. Bei den Resilienten stoßen die beiden Energien unaufhörlich aufeinander. Und wenn diese Individuen schlichtweg »flexibel« wären – das heißt, wenn diese beiden Energien nicht aufeinanderstoßen würden –, wären sie gerade nicht resilient, sondern konziliant, das heißt passiv. Diese Individuen sind aber ganz im Gegenteil in der Lage, die Differenz zu verändern. Am Beispiel von rumänischen Waisenkindern, denen es gelungen ist, der traumatischen Hölle der traurig berühmten Institutionen der Ceaucescu-Zeit zu entkommen, erklärt Cyrulnik:

»Die Spuren, die der Mangel an Zuwendung in frühester Kindheit in ihrem Gehirn hinterlassen hat, [...] und die Tatsache, dass Waisenkinder in den Augen der Öffentlichkeit minderwertig sind, [...] versetzten die rumänischen Waisenkinder in einen untergeordneten sozialen Status. Aber die Spuren im Gehirn lassen sich heilen, das beweisen die Untersuchungen an rumänischen Waisenkindern. Im Scanner ließ sich ein Anschwellen der Ventrikel und der Hirnrinden nachweisen, nachdem sie in Adoptivfamilien gelebt hatten.«[37] Die Spuren können einen anderen Sinn bekommen.

Diese extremen Beispiele betreffen uns alle. Wir können zu Recht davon ausgehen, dass die Bildung jeder Identität eine Art von Resilienz ist, das heißt eine widersprüchliche Konst-

---

37 Boris Cyrulnik, *Die Kraft, die im Unglück liegt: von unserer Fähigkeit, am Leid zu wachsen*, übers. von Friedel Schröder und Rita Kluxen-Schröder, München 2001, S. 123.

ruktion, eine Synthese aus Erinnern und Vergessen, aus der Konstitution und Beseitigung von Formen. Weil sie jede Negativität ihres Diskurses ausschließen wollen, weil sie jede konflikthafte Betrachtung des Übergangs vom Neuronalen zum Mentalen vermeiden, können manche Neurowissenschaftler zumeist nicht die Grenzen einer konformistischen Auffassung der gelungenen, »reifen und ausgeglichenen« Persönlichkeit überschreiten. Noch einmal, wir interessieren uns nicht für Ausgeglichenheit und Reife, wenn sie nur dazu dienen, »Kämpfer« oder »Wundergreise« aus uns zu machen. Widerstand gegen die neuronale Ideologie zu leisten, ist das, was unser Gehirn will und was wir für unser Gehirn wollen.

Für einen biologischen Altermondialismus

Das Problem einer Dialektik der Identität – von Gestaltung und Zerstörung – stellt sich in um so schärferer Weise, weil der globale Kapitalismus, gegenwärtig das einzige bekannte Antlitz der Globalisierung, uns das unerträgliche Spektakel einer Simultaneität des Terrorismus und der Starrheit und Unbeweglichkeit bietet. Als ob wir eine Art Karikatur des philosophischen Problems der Konstitution des Selbst vor Augen hätten: zwischen Auflösung und Einprägung einer Form. Es ist daher klar, dass die Gestaltung einer Identität in einer solchen Welt nur Sinn hat, wenn es darum geht, ein Gegen-Modell zu dieser Karikatur zu schaffen, anstatt schlicht und einfach nur eine Replik für sie zu produzieren. Keine Repliken der Karikatur der Welt sein: genau das müssen wir aus unserem Gehirn machen. Es ablehnen, flexible Individuen zu sein, die permanente Selbstkontrolle und die Fähigkeit, sich den Launen der Ströme, der Transfers und der Tauschbewegungen zu beugen, in sich vereinen, weil sie sich vor der Explosion fürchten.

Die Ströme auflösen, die Schwelle der Selbstkontrolle senken, bereit sein, manchmal zu explodieren: genau das müssen wir mit unserem Gehirn machen. Es ist Zeit, daran zu erinnern, dass es tatsächlich Explosionen gibt, die nicht terroristisch sind, wie zum Beispiel Explosionen des Zorns. Vielleicht müssen wir wieder lernen, wütend zu werden und eine bestimmte Kultur der Fügsamkeit, der Freundlichkeit und der Beseitigung des Konflikts zum Explodieren zu bringen, da wir ja in einem permanenten Kriegszustand leben. Nur weil der Kampf eine andere Form angenommen hat, nur weil es eigentlich gar nicht mehr möglich ist, gegen einen Chef, einen Vorgesetzten oder einen Vater zu kämpfen, ist der Kampf gegen die Ausbeutung noch lange nicht zu Ende. Zu fragen »Was tun mit unserem Gehirn?«, bedeutet sicherlich und vor allem, die Möglichkeit in Betracht zu ziehen, nein zu einer erbärmlichen politischen, ökonomischen, aber auch medialen Kultur zu sagen, die nichts anderes tut, als den Sieg der Flexibilität zu feiern und die Vorherrschaft von gehorsamen Individuen zu heiligen, die nur das Verdienst haben, dass sie es verstehen, lächelnd den Kopf zu senken.

Man kann mit Damasio zu Recht davon ausgehen, dass es im Gehirn eine poetische Aktivität gibt. Aber das Gehirn erzählt (sich) keine beliebige Geschichte. Es gibt eine zerebrale Konfliktualität, es gibt ein Spannungsverhältnis zwischen dem Neuronalen und dem Mentalen, es gibt immer die Möglichkeit, dass diese oder jene Spur sich nicht in eine Vorstellung umwandelt, dass diese oder jene Bahnung nicht stattfindet, dass das eine oder andere neuronale Arrangement nicht ins Bewusstsein eingeht. Die Erzählung ist komplex. Man muss davon ausgehen, dass das Gehirn sich gewissermaßen nicht gehorcht, dass es Ereignisse fabriziert, dass es Exzesse im System geben kann, einen explosiven Teil, der sich weigert zu gehorchen, ohne pathologisch zu sein. Wie wir gesehen haben, macht es die Plastizität möglich, das Denken der Skulpturierung des Selbst und das Denken der Transdifferenzierung zu vereinen. Existieren bedeutet, die Differenz verändern zu können, indem man die Differenz der

Veränderung respektiert: die Differenz zwischen einer kontinuierlichen Veränderung ohne Grenzen, ohne Abenteuer und ohne Negativität und einer formgebenden Veränderung, die eine effektive Geschichte erzählt und über Brüche, Konflikte und Dilemmata verläuft. Es war kein Zufall, dass wir oben das Beispiel der Stammzellen angeführt haben. Sie sind deshalb so faszinierend, weil sie den Ursprung (wie schon ihr Name andeutet) und die Zukunft verbinden, also die Fähigkeit sich zu reformieren. Ist dies nicht die bestmögliche Definition der Plastizität: die Beziehung, die ein Individuum einerseits zu dem unterhält, was es ursprünglich mit sich selber, mit seiner eigenen Form verbindet, und andererseits zu dem, was es ihm ermöglicht, sich in die Leere jeder Identität zu stürzen und jede unveränderliche oder starre Determination aufzugeben?

Wir haben die Frage der Konvertierbarkeit von neuronalen Mustern in mentale Bilder untersucht und infolgedessen auch die Genese des Selbst aus dem Proto-Selbst. Wie wir gezeigt haben, setzt diese Genese voraus, dass man gleichzeitig den Übergang von einer Organistionsebene zu einer anderen, von einem Organisationssystem zu einem anderen und schließlich von einer organisatorischen Gegebenheit zu einer anderen erfassen kann. Kurz, dass man die Transformation einer rein biologischen Gegebenheit in eine kulturelle und geschichtliche Instanz begreifen und erklären kann: in ein psychisch freies Bewusstsein oder eine psychisch freie Identität. Wir haben gezeigt, dass der neurowissenschaftliche Diskurs im allgemeinen keine Theorie oder Interpretation für diese Transformation oder diesen Übergang (welche nicht einfach Resultate der Beobachtung oder der objektiven Beschreibung sein können) vorgeschlagen hat und sich damit dem Ideologieverdacht aussetzte. Man hat dem Menschen nichts Neues vorgeschlagen, obwohl die Plastizität – weit davon entfernt, ein Spiegelbild der Welt zu liefern – die Form einer anderen möglichen Welt ist. Das Bewusstsein des Gehirns herzustellen, führt somit dazu, für einen biologischen Altermondialismus einzutreten.

Dieser biologische Altermondialismus ist, wie schon gesagt, eindeutig dialektisch. Er verlangt, dass man auf die eine oder andere Weise wieder den Dialog mit Denkern wie Hegel aufnimmt. Denn Hegel ist der erste Philosoph, der aus dem Wort »Plastizität« einen Begriff gemacht und eine Theorie über das Verhältnis von Natur und Geist entwickelt hat, das in seinem Wesen konflikthaft und widersprüchlich ist. Eine erneute Lektüre seiner *Naturphilosophie* könnte uns viel über den Übergang vom Biologischen zum Geistigen lehren, also darüber, dass ein »Selbst« zunächst ein »Naturgeist« ist, in dem die Unterschiede »in *einem* physische und geistige Unterschiede sind«.[1]

Hegel konnte sich zwar noch nicht in der Sprache des »Neuronalen« und des »Mentalen« ausdrücken, aber das ändert nichts daran, dass die Transformation der natürlichen Existenz des Geistes (das Gehirn, das er noch als »natürliche Seele« bezeichnet) in sein geschichtliches und spekulatives Dasein Gegenstand seiner beständigen Bemühungen war. Und diese Transformation ist die Dialektik selber. Wenn es einen Übergang von der Natur zum Denken geben kann, dann deshalb,

—

1 G. W. F. Hegel, »Die Philosophie des Geistes«, in *Enzyklopädie der philosophischen Wissenschaften im Grundrisse*, § 396.

weil die Natur des Denkens widersprüchlich ist. Der Übergang von einer rein biologischen Entität zu einer mentalen Entität hat im Kampf der einen gegen die andere stattgefunden, der die Wahrheit ihrer Beziehung hervorbringt. Somit ist das Denken nichts anderes als Natur, aber eine negierte Natur, die von ihrer eigenen Differenz zu sich selbst gekennzeichnet ist. Die Welt ist keine friedliche Verlängerung des Biologischen. Das Mentale ist kein weiser Fortsatz des Neuronalen. Und das Gehirn ist kein natürliches Ideal der globalisierten ökonomischen, politischen und sozialen Organisation; es ist der Ort eines organischen Spannungsverhältnisses, das die Grundlage unserer Geschichte und unserer kritischen Tätigkeit ist.

Die Entfaltung eines dialektischen Denkens des Gehirns ermöglicht es überdies, aus der engen Alternative zwischen Reduktionismus und Anti-Reduktionismus herauszukommen, welche eine theoretische Falle ist, in die die Philosophie allzu oft geht. Auf der einen Seite, insbesondere auf der Seite der kognitiven Wissenschaften, wird massiv die Möglichkeit einer absoluten Naturalisierung der Kognition und der mentalen Prozesse vertreten. Auf der anderen Seite ist man vom vollkommen transzendentalen Charakter des Denkens überzeugt, das nicht von biologischen Determinationen ableitbar sei. Der Dialog zwischen Changeux und Ricœur in *Die Natur und die Regel* ist ein gutes Beispiel für diese Alternative. Laut Ricœur lehren uns weder die Kenntnisse, die wir über das Funktionieren des Gehirns anhäufen, noch unsere Gewissheit, dass unsere mentalen Zustände durch die neuronale Organisation bedingt sind, irgend etwas über uns selber oder über die Art und Weise, in der wir denken.[2] Diese Position ist offensichtlich unhaltbar. Es ist falsch, den neuronalen Apparat für ein schlichtes physiologisches Substrat des Denkens zu halten. Übrigens ist die Behauptung einer absoluten Transparenz des Neuronalen für das Mentale und einer direkten Folgebeziehung zwischen beiden auch nicht viel stichhaltiger. Ein vernunftbegründeter Materialismus scheint uns der zu sein, der davon ausgeht, dass das Natürliche sich selbst widerspricht und dass das Denken die Frucht dieses Widerspruchs ist. Eine der stichhaltigen Arten, das *mind-body problem* zu betrachten, besteht darin, die dialektische Spannung zu erfassen, die Naturalität und Intentionalität verbindet und zugleich entgegensetzt, und sich für sie als lebendigen Mittelpunkt einer komplexen Realität zu interessieren. Die Plastizität könnte, philosophisch gewendet, genau der Name dieses Dazwischen sein.

Wir haben versucht, die Debatte auf einem anderen Feld als dem der überholten Alternative von Reduktionismus und Anti-Reduktionismus zu führen, indem wir eine ideologische Kritik der Grundbegriffe der Neurowissenschaften skizziert haben. Und offensichtlich auch eine ideologische Kritik der Plastizität. Wenn wir die politischen, ökonomischen, sozialen und kulturellen Implikationen der Erkenntnisse, die uns heute über die zerebrale Plastizität vorliegen, nicht berücksichtigen, können wir aus ihr nichts machen.

---

2 Jean-Pierre Changeux und Paul Ricœur, *La nature et la règle. Ce qui nous fait penser*, Paris 1998, siehe insbesondere S. 21-43.

Zwischen dem Auftauchen und der Explosion der Form muss sich die Subjektivität mit der Herausforderung der Plastizität auseinandersetzen. Wir haben versucht, uns im Mittelpunkt einer solchen Herausforderung anzusiedeln, indem wir den Leser eingeladen haben, etwas zu tun, was er sicherlich noch nie getan hat: eine Beziehung zu seinem Gehirn und zum Bild einer künftigen Welt herzustellen und zu unterhalten.

Dank

Ich danke den François Ansermet und Pierre Magistretti, die mich im Rahmen der »Woche des Gehirns« – eine alljährliche Veranstaltung, die in der Schweiz großen Anklang findet – eingeladen haben, in Lausanne einen Vortrag zu halten. Dadurch konnte ich im Seminar für Pädopsychiatrie und im CHUV (Centre Hospitalier Universitaire Vaudois) ein Publikum treffen, das ganz anders ist als das, mit dem ich normalerweise zu tun habe. Mein Dank gilt auch Béatrice Bouniol, die mich ermutigt hat, meine Hypothesen näher auszuführen und mich in ihre Buchreihe aufgenommen hat.

Titel der französischen Originalausgabe
Que faire de notre cerveau?

Neuauflage

ISBN 978-3-0358-0417-1

Satz und Layout: 2edit, Zürich
Druck: Steinmeier, Deiningen

www.diaphanes.net